女たちのテロル

Brady Mikako

ブレイディみかこ

岩波書店

百年前の彼女たちから、
百年後を生きるあなたへ

目次

人物ごと節索引

カバー装画（「黒い花」）・挿絵
アジサカコウジ

一九一六年夏。

いまからおよそ百年前のことである。

朝鮮の芙江《ふこう》に死のうとしている日本人の少女がいた。

その名は金子文子という。だが、彼女は岩下文子という名前だった時期もあり、九歳になるまで、つまり祖母に貰われて朝鮮に渡ってくるまでは、単に「かねこふみこ」と呼ばれていただけだった。呼ばれていただけだった、というのは、ずいぶん長いあいだ彼女にはオフィシャルな名前が無かったからである[1]。

彼女は無籍者だったのだ。

つまり、文子は生まれたときから非公式だった。「もぐり」と言ってもいい。赤ん坊はふつう誕生すると、戸籍という形でお上《かみ》の帳簿に登録される。で、国家は「何某という家庭に何某という名前の人間が一人生まれた」ことを記録し、国民の数が増えたことを数字に反映させ、六年後の就学年齢児が一人増え、二十数年後の納税者数が一人増えるというファクトを把握して政策を作って国を回していく。つまり、戸籍を有するということは、国家の統計に組み込まれるということであり、数字になるということだ。

が、文子の場合は幸か不幸か（まあこのときはもちろん不幸だと思っていたから死のうとしていたわけだが）、両親が彼女の出生をお上に届けなかった。その理由は、文子の父親の文一が、母親のきくのをそのうち捨てるつもりだったからだとも、酒ばかり飲んで荒《すさ》んだ生活を送っていたわりには文一はそれなりの家の出だったので、百姓の娘であるきくのが産んだ子を自分の戸籍に入れるわけにはいかなかったからだとも言われているが、とにかく文子は無籍者として育つ。

無籍者だったおかげで、学校にも行けなかった。何しろ、社会の「もぐり」の身分である。生まれついての日陰者だ。堂々と日向《ひなた》を歩ける人間とは、国家の一人としてお上に存在を把握されていることだから「一人前」というのかもしれない。文子は「一人前」には勘定されていなかったのだ。

だが、文子が「もぐり」として育ったことは僥倖《ぎょうこう》でもあった。彼女は最初から国家システムの外にいたからだ。アナキストだアウトサイダーだと気張らずとも、せせこましい日本社会の隙間からつるっと抜けていたのである。「わたしはわたし自身を生きる」という彼女の思想が、リアルな血肉を宿すことができたのはそのせいだ。

とはいえ、十三歳で死のうとしている文子がそんな自分の未来を知るわけがない。錦江の岸辺に立っていた文子は、げんなりとして今日までの自分の身の不幸を思い出していた。

そもそも、彼女の場合、親がヤバかった。貧困家庭というだけでも大変なのに、文一は酒びたりで家に若い女を連れ込んで妻を追い出したり、しまいには妻の妹に手を出して家庭の中で三角関係を展開し、幼い文子の目の前で生のセックスシーンを展開していたかと思ったら、逃亡して妻の妹と一緒になった。かといって母親が清廉潔白だったかといえばそんなことはなく、彼女は彼女で夫に捨てられてからはいろんな男を家に連れ込み、自分がセックスしたいときは幼い子どもに遠くまでお使いに行けと命じて真っ暗な夜に放り出した。夜は怖いのでうっかり駆け足でお使いを終えて帰ったりすると、母親もまた男と二体の動物になって座敷でうごめいていたりして、しまいにはやっぱり文子を捨てたのだった。

文子の自伝を読む限り、彼女が幼い頃の両親の暮らしぶりは、セックス、ドラッグ&ロックンロールならぬ、セックス、ポヴァティ&ヴァイオレンスだ。これが現代の英国なら、ソーシャルワーカーが来て文子を取り上げていただろう。彼女がどれだけ不幸のどん底に落ちても、じめっとしたヒロインにならずにドライな目線で物事を分析することができるのは、幼いうちに見るだけのことはぜんぶ見てきたからだ。

だが、そんな文子でもこの時点ではまだコロッと騙されることがあった。今回、彼女が自殺しようと思ったのもそのせいだった。両親に捨てられた文子を朝鮮に引き取った父方の祖母は、芙江の在朝日本人コミュニティでも有力な高利貸し、岩下家の「ご隠居さん」だった。祖母は岩下家の人間ではないが、岩下家に嫁いだ娘(文子の叔母)と住んで一家の実権を握っていた。娘夫婦には子がなかったので、祖母は最初、文子を跡取りにしようと考え、養女として岩下家の籍に入れ、良い婿を捕まえられる上流階級風の娘に育てようとした。しかし底辺家庭で育った文子は、彼女が望むような娘には育ちそうもなかったし、どこか芯があって大人の言いなりにならない感じも気に障った。それで祖母は文子を岩下姓から金子姓にし、養女から女中に格下げして虐待したのである。

ある暑い日、病院経営者の妻とかいう二十四、五の美人が赤ん坊を連れてやってきたのだが、この操《みさお》という成金趣味のファッションの女は、祖母の姪だそうで、祖母はやたらと彼女をチヤホヤし、祖母がそういう人を女性の立身出世の鑑《かがみ》だと思っていることは明らかだった。で、操は遠くに住む知人を訪ねて行きたいらしいのだが、赤ん坊を抱いて行くのが面倒だという。操は文子を子守りとして連れて行きたそうだが、祖母は、文子に「いやならいやとはっきり言えばいいんだよ。いやなものを無理にやろうとは言わないんだから」と珍しく温情を匂わすようなことを言う。だから、文子はうっかり「ほんとうは私、行かなくってもいいんなら行きたくないの」と言ってしまったのだ。

するとああやっぱり、祖母は「何だと！　行きたくないと！　少しやさしい言葉をかけてやれば図にのってすぐこれだ」とブチ切れ、文子の胸倉を摑んで小突き回し、縁側から地べたに転がり落ちた孫を下駄でさんざん踏むやら蹴るやらして去ったが、また戻ってきて彼女を門の外に放り出した。行き場のない文子は家に戻って家事をすることで謝罪しようとしたが、祖母はそれを妨害し、食事も与えない。何度詫びても意地悪く無視され、何日も食べさせてもらえなかった文子は、おなかが空いて空いて、空いたのがわからない状態になり、起き上がろうとしても自然とまた倒れるほど衰弱して、いっそ死んだほうが楽だと悟る。投身自殺。投身して自殺する。身を投げて自らを殺す。そのアイディアだけが文子を突き動かしていた。

そんなわけで、文子は、袂《たもと》に砂利をつめ、石を入れた赤いメリンスの腰巻を胴に巻いて、錦江の岸辺に立っているのだった。そこは近年でも溺死事故が多発する水深の深い場所だそうだ。飛べば終了。虐待も空腹も体の痛みも、このファックな人生がぶっつり途切れる。文子はこのときの光景をのちに獄中で書いた自伝、『何が私をこうさせたか』にこう描写している。(2)

用意は出来た。そこで私は、岸の柳の木に摑まって、淵の中をそおっと覗いて見た。淵の水は蒼黒く油のようにおっとりとしていた。小波《さざなみ》一つ立っていなかった。

が、そのとき、文子の頭上で急に油蟬《あぶらぜみ》が鳴き始めた。文子はふとあたりを見回す。そして自分を取り巻いている世界を一瞬にして感知し驚嘆するのだ。

この世の自然はこんなにも美しく、この世の静けさはこんなにも平和だったのかと。

この瞬間の文子の覚醒について、鶴見俊輔は「彼女の思想の根もとにある楽天性」のおかげだったとし、その楽天性が油蟬の鳴き声に誘われて表れ、文子の自殺を食い止めたのだと分析している(黒川創編『鶴見俊輔コレクション1　思想をつむぐ人たち』)。

実際、その生涯を通じて、こうした文子の楽天性は、どん詰まりで返すきびすのような、砂が下に落ち切った砂時計がひっくり返るときのような、起死回生の裏返りを見せる。この楽天性の根拠になっているのは、「違う世界はある」という文子の確信だ。悲惨な人生を送ってきた娘にしては、その確信は揺るがない。オルタナティヴはある。なんとなれば、彼女自身が社会のオルタナティヴなのだから。文子はこう書いている。

けれど、けれど、世にはまだ愛すべきものが無数にある。美しいものが無数にある。私の住む世界も祖母や叔母の家ばかりとは限らない。世界は広い。

そう考えると、ふっと、ここで死んだら、自分の死について祖母や叔母がどんな嘘を言いふらすだろうと思えた。それでなくとも彼女たちは弱者に口なしと思って文子のことを虐《いじ》め放題にしているのに、死人になるということは物理的にもう何も喋れない究極の弱者になるということではないか。

そう思うと私はもう、「死んではならぬ」とさえ考えるようになった。そうだ、私と同じように苦しめられている人々と一緒に苦しめている人々に復讐《ふくしゅう》をしてやらねばならぬ。そうだ、死んではならない。

リヴェンジ・イズ・スウィート。って、まだやったわけではないのだが、文子はそう感じていた。口なしにされている者たちのために。やられ放題にされている者たちのために。貧者、百姓、朝鮮人、君たちと私、我々。すべての敗者、すべての二級市民、すべての下側の者たちのために私はテロルを遂行する。十年後に大逆罪で死刑の判決を受けた文子の叛逆の萌芽がここにある。「もぐり」を舐めるな。こちとら生まれたことがデータに含まれなかった。ポスト・トゥルースとは私のことだ。私はファクトの先にある。何ものにも所属しない私を、何ものも支配することはできない。文子は成長してからこう言ったことがある。

私が自分の行為に要求するすべては、自分から出で、自分に帰る。つまりピンからキリまで自分のためで、自分を標準とする。したがって私が「正しい」という言葉を使うとき、それは完全に「自律的」な意味においてであることを断わっときます。

（「二十六日夜半」一九二六年二月二十六日書簡[3]）

十三歳の娘とは思えない、しんと静まり返った目つきで、文子は袂や腰巻から石を取り出し、そこら辺にごろごろ放り始めた。

死の国の敷居に片足を突っ込んできびすを返した少女は、帰ってきたときにはアナキストになっていた。金子文子の凄みは、書物で学ばなくとも、誰かにイデオロギーを教わらなくとも、経験と心情を通して思想を肉体で読解していくところだ。思想はストリートに落ちている。このときの覚醒体験にしても、文子は適切な言葉で自伝にこう書き残している。

帰って来た私には一つの希望の光が――憂鬱な黒い光が――輝いていた。

瞳の奥に黒い炎を宿した少女は、ひたひたと地べたを踏みしめ、腐った女たちの**地獄の家**に戻って行った。

地獄とは、間違いなくここのことだ。

エミリーは暗い独房のベッドの上でぐったり死んだように身を横たえていた。

エミリーというのは、英国のサフラジェットの一人、エミリー・デイヴィソンのことである。彼女は英国ではＷＳＰＵ（女性社会政治同盟）の指導者エメリン・パンクハーストと並んで最も有名なサフラジェットであり、映画『未来を花束にして』にも登場している。彼女は、一九一三年にエプソム競馬場のダービーで国王の馬の前に飛び出して命を落としたことで有名だ。

このエミリーのルックスを、エメリン・パンクハーストの娘、シルヴィアはこう述べている。

> 彼女は長身でスレンダーでした。非常に腕が長く、頭部は細く小さくて、赤毛の髪。幻影的で悪戯《いたずら》っぽいグリーンの瞳を持ち、いつも半分だけ笑っているような唇は、しばしばモナ・リザのような微笑を浮かべていました。
>
> （Andrew Griffin, *In Search of Emily*）

この赤毛のモナ・リザは、目的達成のためには暴力も辞さない戦闘的な女性参政権運動家たち、

サフラジェットの中でも、とくに過激な武闘派としてその名をとどろかせた。仲間うちでの愛称は「マッド・エミリー」。投石、放火、暴行など、様々な容疑で逮捕された彼女は、サフラジェットの運動に参加してから亡くなるまでに九回も刑務所に送られている。「ミリタント中のミリタント」「怖い者知らずの女。本籍地はハロウェイ刑務所」という、なんともごっつい表現が当時のタブロイド紙にも並んでいる。

この時もエミリーは、財務大臣デヴィッド・ロイド・ジョージの車に煉瓦《れんが》を投げつけた罪でマンチェスターのストレンジウェイズ刑務所に入れられていた。エドワード朝時代の英国で、女性が石や煉瓦を投げるなどという行為は考えられないことだった。政府や政党の建物の窓に投石してバンダリズム行為におよんでいるのが、酔っ払いの男たちではなく、素面《しらふ》の女たちだということは世間を震え上がらせていた。

いったい世の中はどうなってしまったのだろう。気の触れた女たちが国を破壊しようとしている。と新聞はサフラジェットの活動をセンセーショナルに取り上げ、エミリーは、その中心人物として恐れられていた。

今回、刑務所にぶち込まれる原因となった財務大臣の車に煉瓦を投げる作戦では、エミリーは伯爵令嬢のレディー・コンスタンス・リットンとペアを組んで動いた。何不自由ない貴族の娘がまたなんで悪名高きサフラジェットになったかというと、彼女の場合、愛した男性の家柄が格下だからという理由で親が結婚を許してくれなかったからで、令嬢はこれに本気でムカつき、一生結婚はしないと決めて女性参政権運動に身を投じたのだった。一方のエミリーは、父親は裕福な事業家だったが、母親はもともと父の召使いだった身分だし、父の死後、母は故郷のノーサンバーランド州モーペスの近くにある村でベーカリーを経営していた。そのエミリーが貴族の令嬢と何かを一緒にするということは、階級間の交友がなかった当時の英国としては珍しいことだ。が、この「階級を横断した女たちの連帯」は、サフラジェット運動のダイナミックな特色の一つだった。

もともと、WSPUは戦闘的な行為を行うために、戦略的に労働者階級の女性たちをリクルートしたと言われている。女性参政権運動は、当初は高学歴の中流・上流階級の目覚めた女性たちの運動だったが、ストリートで暴れるとなれば、彼女たちだけでは品が良すぎて心許《こころもと》ない。エドワード朝のロンドン東部の貧民街に潜入してルポを書いたジャック・ロンドンは、その著書『どん底の人びと　ロンドン1902』の中に労働者階級の女性たちが取っ組み合いになって互いの髪を引っ張っている写真を掲載し、ボコボコに殴り合っては失神し、起き上がってはまた首を締め合っていたという女子プロレスさながらの喧嘩の場面を書いている。ジャック・ロンドンは「こういう騒ぎを耳にしたら若い娘の道徳面にどういう影響が出るのだろうか」と世を憂えているが、WSPUが求めていたのは、まさにこの下層の女たちの戦闘力だったのだろう。

そんな野性味あふれる女たちと、上層の優雅なはずの女たちが一緒にストリートで暴れたら、自然に「あんた、けっこうやるじゃん」「そっちこそ」みたいな友情が芽生えたのは間違いない。

いつも体を張って前線に立ったエミリーの周囲には、こうした階級を超えた女闘士たちのネットワークができていった。

エミリーとコンスタンスも初めてコンビを組んだ日に、すぐ意気投合している。二人はストリートに身を潜めて財務大臣を乗せた車が来るのを待った。大臣は友人の貴族の車に乗って劇場に向かうところだった。大臣が車を降り、劇場に入っていくと、貴族の車がエミリーたちの前を通りかかる。いきおい伯爵令嬢コンスタンスが車に向かって煉瓦をぶち投げた。エミリーも続けて煉瓦を投げようとするが、警官に殴られて逮捕される。エミリーとコンスタンスに加え、周辺に潜んでいたサフラジェットたち九人も逮捕された。エミリーが準備していた煉瓦には布が巻き付けられていて、そこには彼女が生涯モットーにした言葉と、サフラジェットのスローガンとが並記されていた。

ロイド・ジョージへ
圧制者への反逆は、神に従うことです。
言葉ではなく行動を

こうして一九〇九年十月、エミリーはマンチェスターのストレンジウェイズ刑務所に入れられた。エミリーと仲間たちはただちにハンガーストライキに入る。

ハンストは、サフラジェットとしては同年七月にマリオン・ウォレス＝ダンロップというスコットランド人女性が最初に行った彼女たちの新戦法だった。マリオンは国会議事堂の聖スティーブンズ・ホールの石造部分に、消えないインクをつけたゴム製スタンプで女性参政権運動のスローガンを残した罪で刑務所に送られたが、「自分は政治犯なので、政治犯の囚人と同じ扱いにしてほしい」と要求した。政治的な犯罪で投獄された囚人は、窃盗などの罪で投獄された囚人とは違う格上の監房に入れられ、様々な自由が許されていたのである。自分も女性参政権という政治的要求を訴えて逮捕されたのだから、政治犯だとマリオンは主張した。が、その要求は聞き入れられず、マリオンはそれに抗議してハンストを行った。彼女は三日半も何も食べなかったため健康上の理由で釈放された。政権は、彼女を女性参政権運動の殉教者にすることを恐れていたのである。

エミリーも、マリオンに倣ってハロウェイ刑務所で五日間のハンストの末に釈放された経験を持っていた。だからまたハンストに出れば同じように釈放されると思っていた。が、今回はそうはいかなかった。刑務所に収監された翌日の夜、二人の医師と数人の女性看守たちが物々しい器具を携えて彼女の独房に入って来たのである。

エミリーはこのとき初めて強制摂食させられたのだった。

「これからあなたに強制的に食事を与えます」と医師の一人が宣言すると、看守たちが力ずくで彼女の体を押さえつけて平らに寝かせた。医師はスチール製の器具を使って無理やり彼女の口をこじ開け、上下の歯の間に器具を突っ込んで顎が閉じないように固定し、裂けそうなほど開かされた口の中に、液体を流し込み始めた。エミリーは死に物狂いで抵抗したが、看守たちに手や足や頭を押さえつけられ、液体を飲み込まずに吐き出そうとすると、今度は冷たい器具で舌まで固定される。

エミリーはこの時の経験をこう書いている。

あの後に展開されたシーンは、恐ろしい体験として死ぬまで私につきまとうことになるでしょう。それを描写することはほとんど不可能です。

（*The Suffragettes*（*Penguin Little Black Classics*））

百三十人あまりのサフラジェットが強制摂食を体験させられたと言われているが、その多くが証言しているのは、体を押さえつけられて強制的に口をこじ開けられ、器具や管を突っ込まれて（鼻の孔から管を入れられることもあった）望みもしない液体を体の内部に入れられるのはレイプされるような体験だったということだ。その自らの肉体を蹂躙《じゅうりん》される感覚は精神的トラウマとなり、サフラジェットたちの記憶からけっして消えることはなかった。

エミリーとコンビを組んで財務大臣の車を襲ったコンスタンスも強制摂食させられた。彼女はこう書いている。

そのホラーは説明できるものではありません。私は自分の髪に、ベッドの脇の一面に、吐いてしまいました。服いっぱいに嘔吐物が広がりました。女性看守は、着替えは渡せないと言いました。もう事務所は閉まっている時間だからと。

（同前）

実際、異物を食道に挿入されたサフラジェットたちは吐き気を催して嘔吐してしまうのだから、強制摂食には医学上・健康上の効果は何一つなく、彼女たちを衰弱させ、心身ともに傷つけただけだった。単なる拷問だったのである。

幸いなことに、この拷問で直接死亡したサフラジェットはいなかったが、一九一三年にリリアン・レントンという二十一歳の大工の娘が命を落としかける事故が起きた。鼻からチューブを通して彼女の体内に注入されていた食物の液体が、胃ではなく肺に入ってしまい、化膿性肺炎を引き起こしたのである。

このように危険で非人道的な強制摂食は、終わった後も激しい吐き気や痛みが続き、多くのサフラジェットたちが独房のベッドの上で何時間ものたうち回っていたという。それは初めて強制摂食をさせられたエミリーも同じことだった。このように肉体的にも精神的にも痛めつけられたことは、いまだかつてなかった。以降も彼女はこのレイプ摂食をさせられ、合計四十九回にも及んでいる。

力ずくで異物を突っ込まれて傷つき、擦り切れ、血の味と酸っぱい嘔吐物の味が混濁してひっくり返った胃の底、腹の底から、黒い炎が噴きあがって来るのをエミリーは感じていた。

その週末、エミリーは独房の窓をすべて叩き割った。バラバラと降りかかるガラスの粉を浴びながら獰猛《どうもう》なモナ・リザは微笑していた。

エミリー、三十七歳の秋。**死んでもいい**と思っていた。

「生きたい者は生きろ。しこうして**死にたい者をして死なしめよ**」

という言葉は、二十二歳のときに獄中で金子文子が予審判事に宛てた手紙の中で書いた、ロシアの作家、アルツィバーシェフの言葉だ。

十代前半の文子にそこまでの冷徹な思想があったかは疑問だが、少なくとも彼女には妙に醒めたところがあったようだ。文子を自殺から救ったものは、すべての下側の者たちのために復讐してやるという燃えるような想いだった。が、その熱い誓いもまた、なんか空しいものではあるよなあ、と聡明に悟っていたのである。

若草のように伸び上がるべきそうした年齢の頃に救いを死に求めるということさえ恐ろしい不自然なのに、復讐をただ一つの希望として生き永《ながら》えたとは何という恐ろしい、また、悲しいことであろう。

文子は、自分はもう子どもではなかったと書いている。内側に棘《とげ》をもった小さな悪魔だったと。

しかし、この悪魔は、叔母や祖母のように誰かを意地悪くいじめていればそれで満足できるようなサイズの小悪党ではなかった。

文子の中に巣食った黒い悪魔は、獰猛で広大な知識欲を持っていた。文子は何もかもすべてを知りたいと欲していた。人間が感知している「世の中」のことだけではない。虫や獣や植物や天体、ありとあらゆる世界で、いったい何が起きているのか、そのことそのものを、そのままに知りたかった。それは学校で教えられているようなチンケな知識ではなかった。

こういう規格外れの悪魔が文子の内部に生まれた理由について、鶴見俊輔は、彼女は小学校、中学校、高校という国家がデザインした教育の階梯を昇らなかったからだと分析している。「自分の先生が唯一の正しい答えをもつと信じて、先生の心の中にある唯一の正しい答えを念写する方法に習熟する人は、優等生として絶えざる転向の常習犯となり、自分がそうあることを不思議と思わない」のに対し、文子には「これでいい」と褒めてくれる先生はいなかったから、十分にわかった、これで卒業、ということはなかったというのだ（鶴見俊輔『思い出袋』）。しかも、社会の「もぐり」として育った文子は、どんなに整然と解決しているように見える事象にも、その裏側にはオルタナティヴが、必ずちょっと違う事実や次元やベクトルがあることを知っていた。だから、彼女の黒い知識欲は無限だったのである。

関東大震災の後に検束されたとき、これは本当に二十歳そこそこの娘だろうかと役人たちの舌を巻かせたというう文子のずば抜けた知性は、この悪魔がヴァージョンアップした姿である。知性が悪魔になるのは、そのスケールが同時代の社会の枠からはみ出てしまうときだ。

朝鮮で暮らした七年間にしろ、文子の中の小さな悪魔は、祖母と叔母に虐待し倒されながらも、彼女たちの滑稽なさまをじっと凝視していた。

例えば、彼女たちの本に対する態度。九歳で朝鮮に渡るまでまともに学校に通えなかった文子は、ようやく芙江で継続的に小学校に通い始めた。そこで友達から雑誌や本を貸してもらい、読書の面白さに目覚める。が、十四歳の春に高等小学校を卒業すると、フルタイムの女中の身分になったので本を貸してくれる人がいなくなった。

そんなある日、親切な近所の家の娘が来て、文子に一年分の雑誌を貸してくれた。文子はうれしさに胸を躍らせる。が、祖母はその場では礼を言いながら、裏ではこの娘に本を与えると仕事をしなくなるなどと憤り、体裁のいいことを言い繕って貸主に本を全部返してしまう。もらえると思っていたものをいきなり取り上げられるのはつらい。読書欲の抑えられなくなった文子は叔父の書棚からこっそり本を出して読むが、祖母に見つかり、汚れたり破ったりしたらどうやってお詫びするつもりだい、と本をひったくられた。「祖母たちにとっては、本は読むべきものでなくて、部屋の飾りであったのだ」と文子は観察している。

唯一、文子の目に触れる活字は新聞だけだったが、それすらも読むことを禁止された。子どもは新聞など読むものではないというのが祖母たちの「高尚な掟」だったのだ。が、実は文子には貪《むさぼ》るように新聞を読むことができる場所があった。自分の部屋である。土間に畳を敷いただけの粗末な女中部屋に古新聞が貼られていたからだ。女中部屋に金をかけるのはバカらしいので、古新聞でも貼っておけ、というケチくさい判断らしいが、そのおかげで彼女たちのモットーはどこかにぶち飛んでいる。「祖母たちには、どんな「高尚な掟」でも、自分達の利益の前には平気で踩《ふ》み躙《にじ》っていいのだ」と文子はこの滑稽な矛盾をおちょくっている。

祖母たちは、何かにつけ「高尚」という言葉が好きだった。高尚な娘は貧乏人と遊ぶなとか高尚な家の子は朝鮮人とつきあうもんじゃないとか言う。だいたい孫を養女にすると騙して外国に連れてきて、身内だからタダで使えると女中奉公をさせ、これまた家族だから何をしてもオッケーと気分次第で虐待を与えて、「高尚」どころか人間らしい扱いすらしていないくせに、何を言っているのだろうか。

こんな腐った人間たちが立派な市民ならそんなものにはなりたくない。だいたいあのマテリアル・ババアたちの言う「高尚」っていうのは、人より多くカネやモノを所有しているっていう状態のことじゃないか。それは知性だの品性だのということとは何の関係もない。それなら私は二級市民でいい。「高尚」より「低俗」を。「所有」よりも「無所有」を。文子は、幼少時代を思い返して、自分の苦しい生い立ちは逆説的に実はラッキーだったんじゃないかと言っている。

なぜなら、もし私が、私の父や、祖父母や、叔父叔母の家で、何不自由なく育てられていたなら、恐らく私は、私があんなにも嫌悪し軽蔑するそれらの人々の思想や性格や生活やをそのままに受け容れて、遂に私自身を見出さなかったであろうからである。だが、運命が私に恵んでくれなかったおかげで、私は私自身を見出した。

当時の朝鮮の日本人コミュニティの人々が、「朝鮮人と交流するのは非道徳」という文子の祖母のような倒錯した価値観を持つほど差別を正当化していたにもかかわらず、文子がその固定概念から外れていたのも、周囲の大人たちをじっとり低みから傍観していたからだろう。むしろ文子が感情移入できたのは、虐げられている朝鮮人のほうだった。文子は抑圧する側のアウトサイダーの立場から、植民者たちの非人道性をじっと観察していたのだ。

文子が獄中で書いた自伝は「原稿は方々に鋏《はさみ》をいれて切りとってあって、一枚の原稿用紙が、まるで簾《すだれ》のような」状態だったらしいので（瀬戸内寂聴『余白の春』）、思想的に危険視された部分に加え、朝鮮での生活を書いた部分も国家の手によってかなり切り取られているのは間違いない。だから詳細に知ることはできないが、文子は祖母たちの日常的な朝鮮人への差別的言動以外にも、岩下家の朝鮮人に対する非人道的行為を見ている。実は、高利貸しの岩下家は阿片の密売もしていたのだった。文子は後にこう啖呵《たんか》を切ったことがある。

其処《そこ》いらの先生方に教える。君等は鮮人同化を云々する前に先《ま》ず在鮮大和民族を人間化させる事だね。

（金子文子「思ったこと二つ三つ」『黒濤』第二号、一九二二年八月十日、山田昭次『金子文子』）。

文子が朝鮮でもっとも感銘を受けたのは、芙江を去る直前に起きた三・一運動だった。これに他人ごととは思えないほどの感動を受けたというが、自伝からはその描写はごっそり抜け落ちている。

一九一九年三月一日。朝鮮で起きた抗日独立運動は独立万歳運動や万歳運動とも呼ばれるが、これは、勝手にいきなり朝鮮の独立を宣言し、みんなで「独立万歳！」「万歳！」と叫んで回るという、なかなか破天荒な蜂起運動だった。天道教、キリスト教、仏教の宗教人三十三名が連署した独立宣言書を発表して運動の口火を切ると、京城（ソウル）のパゴダ公園では学生を中心とする人々が独立宣言書を読み上げて「万歳！」デモを始めた。これに国王の葬儀のために集まっていた群衆も参加、「えっ、俺ら独立したの？」「違うんじゃね？」「んなこと知るか。もう独立しちまえ」といった按配で、あれよあれよという間に大規模な運動に発展する。

これは全国各地に飛び火し、文子も芙江でその様子を目撃している。彼女の地元でも貧しい朝鮮人たちの蜂起が起こっていた。彼らは「万歳！」「万歳！」と叫び回り、それを鎮圧しようとする憲兵が馬に乗って部落を飛び回った。朝鮮人たちは夜になると山に登り、たいまつに火をつけて、「独立万歳！」を叫んでいるのだった。

独立。独りで立つ。その言葉に文子は痺れた。従属を拒否し、インディペンデントであることを自発的に宣言して祝福している人々の蜂起は、文子の心を高揚させた。

文子も独立したかった。性根の腐ったマテリアル・ババアたちの支配から。女の子は一族の所有物のように扱われ、親戚間でたらい回しにされる性差別的家族観の抑圧から。親族よりもよっぽど親身になってくれる地べたの朝鮮人たちを虐げる大日本帝国から。

機を窺って耐え忍ぶなんて生ぬるい。独立させてくださいとお願いしたって駄目なんだ。勝手に独立すればいい。宣言してしまえばこっちのもんだ。誰も私たちを止められない。めでたい。気分がアガる。ロング・リヴ・マイ・インディペンデンス！　万歳！　万歳！

文子は、この七年後、大逆事件で死刑判決を受けたときにも、法廷で「万歳！」と叫んでいる。しかし蜂起はめでたいばかりではないことも文子は見た。後に文子が雑誌に発表した三・一運動に関する記事は、文字が官憲によって大幅に抹消されているが、こう記されている。

一九一九年三月、（六字不明）は或《あるい》は官憲の銃剣に刺され、或は囹圄《れいぎょ》に憤死し、（三字不明）銃弾に倒れ一時は所謂《いわゆる》鎮（八字不明）った。而し虐げ（七字不明。［られた朝鮮人の］）潮の高鳴りは〇〇〇〇（［日本軍隊］）の武力如きにては、到底鎮（五字不明）なかった。

（金子文子「朝鮮の〇〇記念日」『現社会』第三号、一九二三年三月、山田昭次『金子文子』）

十六歳の文子はそこで起きていることを漆黒の瞳でしんしんと読み取っていた。そして悟ったのである。

人間のまったき独立とは命がけで求めるものなのだと。

独立という概念は、瓦礫に埋もれた大蛇のようだ。

その獰猛な蛇はしばらく身を伏せていたかと思うと、忘れた頃にまたその荒々しい姿を顕現させる。二十一世紀の現代においても、スペインのカタルニア、フランスのコルシカなど、欧州には火種がいくつもある。その口火を切ったのが、二〇一四年に独立の是非を決める住民投票を行ったスコットランドだった。

だが、ここではそれより一世紀を遡った一九一五年の話をしたい。凍《こご》えるような十二月のある日、スコットランドから、船でアイルランドに向かった女性がいた。グラスゴー出身の数学教師で、名はマーガレット・スキニダーという。

一見するとふつうの若い淑女だったが、実は帽子の中に爆弾の起爆装置を隠し、上着で覆われた胴体にはワイヤーをぐるぐる巻きつけていた。ダブリンの同志たちに武器を運んでいたのだ。起爆装置が給湯パイプや電線に反応してはいけないと思い、客室には入らず、一晩中デッキの背もたれ椅子に座って帽子を枕がわりに寝ていた。が、後で起爆装置を枕にして圧力を与えるほうがよっぽどヤバいんだよと仲間に聞かされて大笑いしたそうだ。豪胆な二十三歳である。

マーガレットはグラスゴー育ちだったが、両親はアイルランド人だった。子どもの頃、休暇になると親に連れられてアイルランドのモナハン州を訪れていたが、「プランター(大農園主)」と呼ばれる英国人たちの美しい広大な邸宅と、アイルランド人たちが住む小さな汚らしい家を目の当たりにしたマーガレットは、これほど甚だしい貧富のコントラストはスコットランドでは見たことがないと驚いた。そして十二歳のとき、学校で教えている「英国化された歴史」ではなく、「アイルランド人が書いたアイルランドの歴史」の本を読み、両親の祖国についての真実を知る。

成長したマーガレットは、グラスゴーでアイルランド義勇軍とアイルランド人女性連盟(Cumann na mBan)に参加する。アイリッシュ系の人々が多く居住するスコットランドには、故国で独立の気運が高まればアイルランドに渡って戦うという兵士予備軍がたくさんいた。そんな人々の中でも、マーガレットは一目おかれる存在になっていった。凄腕の女スナイパーだったからである。

第一次世界大戦時、英軍は、女性たちを集めて狙撃の訓練を行うライフル・クラブを各地に組織した。いざとなったら、女性たちも大英帝国のために戦えるようにするためである。マーガレットもこうしたクラブの一つに参加して狙撃を教わった。が、それは大英帝国を守るためではない。大英帝国に向かってライフルを撃つためだった。彼女はこう書いている。

近い将来、何かが起こると私は確信していた。私たちはみな信じていた。英国が戦争を始めたら、それはいつもアイルランド人の蜂起の導火線になると。
(Margaret Skinnider, *Doing My Bit For Ireland*)

そして一九一五年のクリスマス、ついにマーガレットはアイルランド独立運動の中心人物の一人であるマルキエビッチ伯爵夫人からダブリンに招かれた。

マルキエビッチ伯爵夫人は翌年に起きるイースター蜂起の指導者の一人であり、のちに英国下院議会で初の女性国会議員に選ばれ(でも登院しなかったが)、西ヨーロッパで初の女性大臣(アイルランド共和国労働大臣)となった人物だ。

アングロ・アイリッシュ系の大地主ゴア゠ブース家の娘として生まれた伯爵夫人は、詩人ウィリアム・バトラー・イェイツの幼馴染みとしても知られている。裕福な「プランター」のお嬢様だった彼女は、パリの私立美術学校アカデミー・ジュリアンでアートを学んでいたときにポーランド系のウクライナ貴族、マルキエビッチ伯爵と知り合い、結婚した。が、この伯爵夫人は、並みの貴婦人ではなかった。

「プランター」側の人間でありながら、アイルランドは独立すべきという思想を抱いた彼女は、一九〇七年に女性ナショナリスト団体「アイルランドの娘たち(Inghinidhe na hÉireann)」に参加する。初めて会合に現れたとき、ダブリン城での晩餐会からまっすぐ駆け付けた彼女はイブニングドレスを着ていたという。メンバーたちは、場違いな貴婦人のグラマラスな姿に面食らい、英国側が送り込んだスパイに違いないと勘ぐった。だが、その会合で彼女は、自分が着けていたダイヤのブローチを売って団体の資金にすることを提案し、去り際に「私にはこれからはファッショナブルな服を着ている暇はなくなるでしょう」という予言めいた言葉を残したと伝えられている。「マダム」の愛称で呼ばれた彼女の邸宅にはボヘミアンな雰囲気が漂い、演劇や絵画、ゲール語、女性参政権、労働運動、アイリッシュ・ナショナリズムに関心があってダブリンを訪れる人は、誰もがそこを訪れた。床のあちこちに堆《うずたか》く本が積み上げられ、まるで古書店のようだったという屋敷には、警察に追われている労働運動家やサフラジェットを変装させるための衣装が大量にあり、演劇の楽屋のようでもあったという。

が、実はこの邸内には、至る所に武器が隠されていた。イースター蜂起直前に彼女の屋敷を訪れたフランス人ジャーナリストはこう書き残している。

「マルキエビッチ伯爵夫人のサロンは、サロンではない。軍司令部だ」(同前)

マダムは若き少年たちの軍隊も率いていた。

ボーイスカウトの創始者、英国軍人ベーデン・ポウエルがアイルランドでもボーイスカウトを作ろうとしていたことを知り、アイルランドの少年たちを英国軍人の予備軍にするのかと憤った彼女は、自分でアイルランド版のボーイスカウト団をつくることにした。こうして設立されたのがフィアンナ・エイリアンという少年団だったが、それは無人島でキャンプをしたり、たき火を囲んでフォークソングを歌っているような、のどかなボーイスカウトではなかった。自ら狙撃の名手だったマダムは、十代の少年たちに射撃を教え、準軍事組織をつくったのである。彼らはイースター蜂起でも重要な役割を果たすことになる。

そんなマダムがマーガレットに目をつけたのは、スコットランドに若い女性の優秀なスナイパーがいると聞いたからだった。スコットランドからダブリンに到着したマーガレットは、マダムの屋敷に迎えられ、男装してフィアンナ・エイリアンの少年たちと共に行動を始める。少年たちを驚かせたのはマーガレットの射撃の腕だった。少年たちは度肝を抜かれたような表情で彼女の腕前を見ていたが、彼女が女性だと知っているメンバーだけはおかしそうに笑っていたとマーガレットは書き残している。

数学教師のマーガレットは、いま風に言えばリケジョでもあった。だから、爆破攻撃の詳細な図面を描くことができ、その点でも重宝された。微積分学を学んだ彼女には、距離を測定して地図を描くことなどわけなかったのである。マーガレットはダブリンの街を歩き回り、爆破に適した場所の建物の高さや距離を測定し、どこにダイナマイトを配置すれば最も効果的かを記した爆破計画の図面を引いてマダムに渡した。マダムからこの図面を見せられたアイルランド市民軍（ICA）の最高司令官ジェームズ・コノリーは、若い娘にどうしてこんなことができるのかと舌を巻いたという。

こうしてマーガレットは独立運動の指導者たちの信頼を勝ち取り、フィアンナ・エイリアンの少年たちとダイナマイト爆破の実験を行ったり、ダブリン沖の船に忍び込んで武器を盗んだりしながらクリスマスの休暇を過ごす。

ある日、マダムは彼女にも観光の時間が必要だと思って博物館に連れて行った。だが、マーガレットは、本当に自分が見たい場所は別にあると言った。

「それはダブリンの一番貧しい地域です。底辺の地域」(同前)

マダムは満足そうに微笑した。彼女の心も本当はいつもそこにあったからだ。

マダムはマーガレットをアッシュ・ストリートに連れて行った。その光景の凄まじさは、これまでマーガレットが見たどんなものをも超えていた。これ以下の場所はこの世に存在しないだろう。その悪臭と汚らしさはスコットランドの貧民街を天国の花園のように思わせた。街全体が巨大なゴミ箱のようである。

マーガレットは、ストリートに面した住宅の窓から中の様子を覗き込んでみた。

居間の四隅に四つの家族がそれぞれ集まって座っている。これらの住宅は、もともとは裕福なアイルランド人の屋敷だったが、いまは複数の家族に賃貸されている。見るも無残なほど劣悪な住環境なのに、住人たちは、食費も残らない額の家賃を払っていた。複数の家族から家賃が入る家主にとっては、これほどわりのいい商売もない。

どの貧民も病人のように見えた。貧困に加え、アイルランドは食糧難にも陥っていたのである。農村地帯には野菜やジャガイモが豊かに実っていたが、アイルランド人よりも高い値段でそれらを買うことができる英国人たちのため、船に載せられて出荷されていた。貧民街では子どもや老人が衰弱し死んでいる。過去十五年間でアイルランドの人口は半減していた。

これが、英国が統治するアイルランドの姿なのだ。

すべては英国と、一握りの裕福なアイルランド人のためにある。少数の富裕層はどこまでも富み、多数の庶民は死人が出ているのにまだ貧しくなる。究極の格差社会だ。

アイルランドはアイルランドにならなければならない。誰からも所有されてはならず、誰からも統治されてはならない。

マーガレットは唇をかみしめていた。瞳をぎらつかせた彼女の脇を、マダムも黙って歩いている。

主権の回復。統治者からの、金持ちからの、エスタブリッシュメントからの主権の回復。独立とは自らの人生に対する主権を取り戻すことだ。生きさせろ、なんて頼んでどうする。

銃を取り、ダイナマイトを腹に巻いて、生きてやれ。

生きる主権は我にあり。

突風が吹いてマーガレットの黒いケープがまくれ上がった。それはマダムがデザインしたフィアンナ・エイリアンの少年たちのユニフォームだった。風にはためくケープはまるで旗のように見えた。黒旗を背中にしょったリケジョスナイパーと伯爵夫人は、スラムの暗がりを無言で進んで行った。

向かう先は、**来たるべき蜂起。**

嵐のような蜂起が朝鮮で鎮静すると、文子の生活は急変した。

三・一運動が起きた翌月、文子は突如として朝鮮から日本に送り返されたのである。祖母と叔母は、年頃になってきた文子を見て、そのうち嫁入りさせるために金がかかったりしたら面倒だと考えるようになっていた。それで、祖母に広島に帰る用事ができたので、ついでに文子も連れて帰ることにしたのだ。

母親の実家である山梨に帰った文子は、母方の祖父母や叔父夫婦に優しく迎えられるが、そこに母のきくのの姿はなかった。彼女は蚕糸仲買人の後妻となっていたからだ。文子が九歳のとき、きくのは商家に嫁ぐために娘を捨てたのだったが、いまはまた別の男と一緒にいるという。

七年前、商家に嫁いだがうまく行かず、文子が朝鮮に渡るとまもなく実家に戻ったきくのは僧侶に嫁ぎ、ここも二か月も経たないうちに飛び出して、別の男と関係を持ったが、親類縁者の強い反対にあい、今度は田原という家の後妻に入ったのだ。

きくのは、文子が幼い頃も男たちと同棲したり別れたりしていたが、娘が朝鮮にいた間にもまったく同じことを繰り返していたのだった。文子はこう書いている。

なぜならそれは、母に貞操観念が薄かったためでもあろうが、同時にまた母は、ひどく意志の弱い、一人では到底生きて行けない性質《たち》の女でもあり——それゆえに誰か母を支えてくれる、またはくれそうな男が必要であった上に、相手が富裕だとか暮し向きが楽だとかいったようなことを言って、母が独りになるとは〔ママ〕、すぐに縁談を持ちかけて来るものがきっと出てき、実家の方でもまた、最初の結婚に失敗した若後家をうちに止めておくことの不ていさいから逃れると共に、そうした富裕な家との関係を保っておくことの利益を考えては、真実母の幸福になるかならぬかをさえ考えずに、無理にも母にその縁談を押しつけるといった事情のためであったからである。

男から男へと渡り歩く母の人生の背後に、日本の家族制度があることを文子は見透かしていた。だから、幼い日から母の性生活を赤裸々に目撃させられたりしてきたにもかかわらず、母を恨むというより、哀れなものと感じていた。

が、同時に、その母親が常に嫁ぎ先や関係を持った男のことを愚痴りまくっている姿には耐えられなかった。今回だって文子が帰ってきたと聞いて婚家から訪ねてきた母親は、朝鮮で苦労して来た娘の話を最初は聞いていたが、そのうち自分の愚痴になり、あの男はダメだとかひどいとかいう苦労話を延々と喋っている。のべつ幕なし愚痴るほど家父長制の犠牲になっていながら、それが女の生きる道なのだと自らそこにはまり込んでいく。そんなに嫌ならどうしてその呪いのテンプレートからさっさと抜け出そうとしないのか。母と喋っているとなんかこう、無駄にちんたらしてる感じでムカついてくるのだった。

実際、文子は、母親よりその妹である叔母のたかのの方が気が合った。たかのは文子にとって、父親が自分と母を捨てて出て行く原因になった女性なのだが、文子は彼女の人間性を高く評価している。これは文子のユニークな特性だ。彼女が人を見る目は、私情で濁らないのである。

例えば、文子には賢俊という五歳年下の弟がいたが、彼だけは三歳のときに父親とたかのの家庭に引き取られていた。文子は、この幼くして母親から引き離された弟について、「叔母がしっかりしていたので、私ほどには困った目にあわされなかったようである」と観察しているし、自分と同じく出生を届けられなかった弟がきちんと学校に行けたのも「叔母は父の反対をおしきって、自分でさっさと自分の私生児として届けて、無事に入学させた」と書いている。評判の美人だったというたかのは、姉の夫を奪ったファムファタールというよりは、カラッと捌《さば》けた女だったようで、文子はきくのよりもたかののほうに自分に近い性質を見ていたのかもしれない。

父親の文一は、山梨に帰ってきた文子が、実の叔父（きくのの弟）である元栄《もとえい》という僧侶と仲良くしていると聞きつけ、いまごろになってなぜか山梨にやってきた。元栄の寺の財産に目をつけたからだ。そして勝手に元栄と会い、さっさと文子を彼のところに嫁にやる約束をしてしまう。幼い頃に捨てた娘が成長したことを知り、自分には思わぬ資産があったと思いついたのだ。叔父と姪が結婚するというのは当時でも非常識な話だったが、元栄は元栄で処女好きの好色家だったため、すぐに文子との結婚のオファーを受けた。

いまは浜松に住んでいる文一は、花嫁修業をさせるために文子を連れて帰り、裁縫学校に通わせた。が、文子は裁縫が苦手で、それより東京へ出て勉強したかった。しかし父の家庭では、文子の意志や個性はまるで無視され、一方的に親が子の生き方を決めることが「孝行」という呼称で正当化されていた。これは母親がはまり込んでいる呪いのテンプレと同根ではないか。

道徳とは、強者が弱者を支配するためのツールであり、支配する階級とされる階級を固定させ、維持していくための「階級道徳」なのだということを文子は見抜いていた(山田昭次「金子文子の性的被差別体験——思想形成の根源として」『彷書月刊』二〇〇六年二月号)。文子にとって階級とは富者と貧者のことだけではなかった。男と女、親と子、支配関係が存在するところには、すべて階級が存在するのだった。

弱者から言えば強者への屈従の約束が、いわゆる道徳であります。〔略〕支配者はいつもこの道徳をより長く保つことを第一義的条件としております。

親子の愛も強弱の関係において同様であり、孝行という美名の下に美化されております。

(第二回被告人訊問調書)

文子には、道徳と見栄がすべてであるかのように生きている父親がアホくさく、醜悪な人間に見えた。たとえば、浜松の家では、毎朝、全員で父方の佐伯家系図に向かって拝礼を捧げる習慣があったのだが、勘弁してほしい。と文子は思った。そもそも佐伯の姓など一度も名乗ったことのない自分がなぜ家系図を拝まねばならぬのか不明だったし、遠い先祖まで遡るその家系図にしたって、これほど多くのご先祖様がお前の上におわしたのだから、この図の一番下に位置するお前は黙って上の者、つまり親の言うことを聞けよ、という家庭内支配力強化の道具にしか見えなかった。

そんなある日、不意に叔父の元栄が浜松にやってきた。

文子が夏休みに山梨に帰省中、瀬川という青年と不純異性交遊をしていたと言って、わざわざ結婚を破談にしに来たのだ。「傷物にされた」というアレだろう。

そんなことを言ったって、夏休みに帰省したとき、元栄こそ文子にさんざんいやらしいことをして楽しんでいたくせに、いまさら不純異性交遊とは聞いて呆れる、と文子は思った。が、文一はこれに激怒して「この畜生め！　このばいため！」と叫んで文子にさんざん暴力をふるう。この父親は、どうもいまで言うアンガー・マネジメントが必要だった人のようだ。

ふざけんなよクソ親父、と文子はムカついていたが、これだけならまだ我慢していた。しかし、決定的に文子と父親が決裂する原因になったのは、文子自身のことではなかった。弟の教育について父と派手に衝突したのである。

弟の賢俊は男の子だったという理由で父親の家庭に引き取られ、文子のように朝鮮の祖母のもとに送られたりして苦労する運命を免れた。普通なら、たまたま男に生まれた弟に対する嫉妬の感情もあるだろうし、弟なんかどんな人間に育ったところで知ったこっちゃないわ、ネバー・マインド・ザ・ボロックス、アホは気にすんな。と思っても不思議ではないのだが、文子のきんと冷えた目は個人的なセンチメントでは曇らない。

彼女には、愚かな父親が弟の可能性の芽を潰しているように見えてしかたなかったのである。賢俊は文子のように頭が切れるタイプではなく、体の大きい内気で優しい子だった。しかし、末は博士か大臣か、みたいな過剰な期待を父からかけられて勉強させられ、少しでも父の前で読本を読みつかえたり、問題を間違ったりしたら殴られていた。文子はそんな父のやり方を見て、これでは弟を萎縮させ自信を失わせるだけで、彼の潜在能力を発揮させることはできないと直感する。十六歳にして、すでに教育者みたいなことを考えていたのである。

だが文子にとって何より腹立たしいのは、弟が父の価値観をまじめに受け入れていることだった。弟は毎朝、佐伯家の系図を拝んで、自ら進んで先祖たちの奴隷になることを誓い、父に殴られながら必死で勉強し県立中学の入試に合格した。

父は大喜びでそれを祝うが、息子の入学の準備をするにあたってしょうもない嘘をつく。学校用の靴には八円のものと十二円のものの二種類あったのだが、父は息子のために十二円の高いほうを奮発したと豪語した。が、学校で友人たちと靴を比べ合った賢俊は、それは安いほうの八円の靴だったと気づく。

「お父さんは嘘言ったね」と父をなじる賢俊に、文一は「いいえ。お父さんは決して嘘は言わない。それはたしかに十二円の分です」などと見栄を張り続け、いつまでも靴の金額にばかりこだわって口論を続けているので、いい加減でうんざりした文子は父に向かって嫌味を放つ。

「〔略〕……そんなくだらない嘘を言う代りに、いい靴を穿くばかりが偉いことじゃないっていうことを、なぜ言ってきかさないんだろう……」

文一は、「親に対して何という失敬なことを言うんだ」と激高し、わめきながらまたヴァイオレントに文子に襲い掛かって来た。

……あーもう、やってられね。と父に蹴り倒されながら文子は思っていた。

そもそも、壊れた家庭環境で育ち、親に捨てられ、祖母から女中としてこき使われて虐待されて、家族の鋳型から完全に外れたところで成長した文子に、いまさらそこにおとなしく入り込めというほうが無理なのだった。

だいたい親から入籍すらされず、いない者として扱われてきた文子が、突然そこにいる者にされるのは、金持ちの嫁にするとか、女中という労働力にするとかで、彼女に資産認定が下りるときだけだ。朝鮮から帰されたのだって、嫁に行くときに金がかかるという将来的な負債と見なされたからだった。家という鋳型は人間を資産だの負債だのといったカネに変える仕組みなのに、みんな疑いもせずそこに喜んではまり込むから、靴の値段が高いだの安いだのと言っていつまでもカネの話で揉めることになる。

ファック・オフ。と文子は思った。

その呪いのテンプレを打ち破れ。そうしない限り、母も弟も解放されることはない。が、彼らはそれでいいのだ。全然解放されようとしてないのだから。

でも文子は違う。どん詰まりに来たら彼女はいつだってきびすを返す。もう一度生きるために、再び自分自身になるために。

「明日、東京へ行きます」

ある日、文子は父親に言った。それは相談ではなく、宣言だった。父が止めるわけがない。結婚を破談にされた文子の資産価値はもはやゼロなのだから。英語の「フリー」が自由と無料の両方を意味するのは偶然ではない。

とはいえ、東京でどうするのか、どうやって生きていくのか、文子にはあてもなかった。しかし行くと言ったら彼女は行くのだ。生活のことは、なんとでもする、どうとでもしてやる。

いよいよ**文子が文子自身を生きる**ときが来たようだ。

私が私自身を生きることは、誰かにとっての「いい子」になることではない。

エミリー・デイヴィソンは子どもの頃からそのことを本能的に知っていた。

父のチャールズ・デイヴィソンは裕福な事業家であったが、妻に先立たれ、召使いとして自分の屋敷に奉公に来ていたエミリーの母親、マーガレットと結婚した。チャールズ四十七歳、マーガレット十九歳のときだった。エドワード朝時代の階級間の流動性のなかった社会では、「旦那さま」が若い「召使い」に手を出すことはあっても、正式に結婚することは珍しいことだった。十代だったとはいえ、その働きぶりから、マーガレットには九人の子どもがいる家庭を切り盛りしていく能力があると見込まれたのかもしれない。が、やはり、チャールズはマーガレットを愛していたのだろう。

こうして階級をまたいだ結婚の果実として生まれたエミリーは、しかし裕福な家庭に生まれ、のんびり成長して良家に嫁ぐふつうのお嬢様になるタイプではなかった。幼い頃のエミリーは、けっこう反抗的で、度々子ども部屋から逃走しては戻ることを拒否し、「エミリー、いい子にして中に入っていらっしゃい」と乳母から声をかけられると、決まってこう答えたという。

「いい子になんてなりたくない」

それから長い月日が流れ、エミリーはいまや「悪い子」としてマンチェスターのストレンジウェイズ刑務所でお仕置きされていた。強制摂食に激怒して独房の窓をすべて叩き割ったため、別の独房に移されたのだったが、新たな独房に連れていかれるや否や、エミリーは緑色の瞳をきらりと輝かせた。そこには木製のベッドが二つあったからである。

これ幸いとばかりにエミリーは二つのベッドとテーブル、椅子を使ってドアの前にバリケードを築く。ハンガーストライキと強制摂食のダメージでふらふらになっていたはずなのに、どこからそんな重い物体を動かす力が出てきたのだろう。悪だくみをするときの彼女のパワーには底知れないものがある。

貴様らは人の体内に無理やり異物を突っ込んで妙な液体を入れやがって。もう何物をも私の中に侵入させやしない。入りたいなら入ってきやがれ。やってみろ。

看守が戻ってきてエミリーの独房の鍵を開け、扉を開けようとした。が、開かない。押しても引いてもビクともしない。どうしたのだろうと看守が覗き穴から内部の様子を窺ってみると、バリケードの上に座っているエミリーが見えた。

エミリーはくいっと口角を上げて不敵に微笑みながら、看守に言った。

「ダメです」

侵入禁止、おととい来やがれ。である。

看守は急いで職員の詰め所に走って行った。代わる代わるいろんな人々が来て、扉を開けるよう彼女を脅したが、エミリーは岩のようにそこに座って動かない。ついにお偉いさんがやってきて、

「ベッドから降りろ！」

と命令口調で言った。

「デイヴィソン、ベッドから降りてドアを開けなければ、ホースで頭から水を浴びせてやるぞ」

小さな子どもの頃のエミリーが、子ども部屋と階段の踊り場の間にあった壁に背をつけて立ち、乳母に「いい子にして、入っていらっしゃい」と言われても、「いい子になんてなりたくない」と両足を踏ん張っていたように、エミリーはバリケードに根が生えた如くに身動き一つせず、いい子になることを全身全霊で拒否していた。

突然、独房のガラス窓が打ち割られ、本当に消防用の大きなホースが突っ込まれて来た。敵はゆっくりとホースの位置を定めている。ノズルが固定されると、敵はもう一度、エミリーに降伏を呼び掛けた。しかし応じないのがわかると、一気にホースから水が飛び出してきた。

エミリーはベッドにつかまってじっと座っていたが、敵はノズルの位置をずらし、放水をエミリーに命中させた。情け容赦ない高圧水がエミリーの華奢な体に襲い掛かった。彼女はこのときの経験をこう書き残している。

死んでも離すものかとベッドにしがみついていた。あの氷のような水の噴射は、永遠に続くかと思われた。

（John Sleight, *One-way Ticket to Epsom: A Journalist's enquiry into the heroic story of Emily Wilding Davison*）

この放水のせいでエミリーは溺れかけたとか、胸まで水に浸っていたとかいう説もあるが、実際には水の噴射が行われたのは十五分ほどで、床から六インチ（約十五センチメートル）のところまで水が溜まっていたという。エミリーが降伏しないことがわかると、敵は放水攻撃をやめ、ドアを強行突破する作戦に切り替えた。

刑務所側としては、これはできれば避けたかった最後の手段だった。鉄でできた刑務所の扉は重く、無理やり押し開けると、ドアがエミリーの上に倒れ落ちる可能性があり、危険だからだ。しかし、彼らはそれを決行した。扉が倒れるや否や、数人の看守が独房に走り込んできてエミリーの上に落ちないように支え、別の看守は彼女を安全な場所に移動させた。独房から洪水のように水が廊下に溢れ出る。

「こんなことをした君には、馬の鞭でお仕置きしなくては」

看守の一人がそう言った。エミリーは服を脱がされ、ブランケットにくるまれて病院につれていかれた。ストレンジウェイズ刑務所で放水攻撃が行われたことや、高圧水を浴びせかけられても頑として動かなかったエミリーの噂は、病院の看護師たちの間に広まっていった。

刑務所に戻されたエミリーは、またもや鼻からチューブを突っ込まれて強制摂食させられたが、衰弱が激しく三日間ベッドから起き上がれなかったので、獄中死させるわけにはいかないと釈放された。

もともと放水砲は中世から暴徒鎮圧のために使われてきた歴史がある。今世紀に入ってからも、二〇一一年のロンドン暴動の後に、当時ロンドン市長だったボリス・ジョンソンが暴動鎮圧のために放水砲を購入して物議をかもした。当時の為政者にとってはサフラジェットも鎮圧すべき暴徒だったのだろう。

しかし、一般の人々はこの仕打ちに衝撃を受け、エミリーへの放水攻撃は虐待だという声が湧きあがった。ストレンジウェイズ刑務所の外には、抗議のために群衆が押しかけ、一番多いときには九千人の抗議者たちが集まっていたという。国会でもこの問題は取り上げられ、刑務所内での消防用ホースの使用は禁止されていたにもかかわらず、それを許可した刑務所視察委員会のメンバーの責任が問われた。

世論の盛り上がりを受け、エミリーはストレンジウェイズ刑務所視察委員たちを訴えて裁判を起こした。この裁判で、エミリーは当時の金額で「ほんのわずか」だったという四十シリングを勝ち取るが、その理由はあくまでも「ストレンジウェイズ刑務所の責任者側による規則の解釈上の間違い」であり、虐待とか人権侵害とかいうことではなかった。

しかし、放水攻撃の一件で、刑務所内でのサフラジェットへの仕打ちに疑念を抱く声が社会に広がっていった。他方、そうしたサフラジェットに同情的になる人々をあざ笑うかのように、彼女たちの暴力的抗議活動もエスカレートしていく。ストレンジウェイズで放水攻撃を受けた年、一九〇九年は、エミリーが教職をやめてフルタイムでサフラジェットの運動に身を投じた年だ。この年、彼女は五回逮捕され、四回刑務所に送られている。

サフラジェットたちの活動が過激化するにつれ、政治家たちは、なぜ女性に投票権が与えられるべきではないのかという理由を声高に訴えるようになった。それは彼女たちのあさましい姿を見ればわかると言い、サフラジェットの行動そのものが、女性の特性である不安定でヒステリックな性質を示していると主張したのである。

当時の保守党議員、アーノルド・ウォードの発言からは、エスタブリッシュメントにとっては、自分たちのやり方に反対して何かを求めてくる運動は、すべて「ヒステリア」と理解されていたことが読み取れる。彼は一九一〇年に国会でこう発言した。

彼女たちの行動は、他の政治的目標を達しようとする運動と同じだ。求めるものが、パブの減少だろうと、自由市場だろうと、市場保護だろうとまったく同じなのである。あのヒステリックな活動を、国民の生活に恒久的に組み込もうとする点において。

(Lucy Fisher, *Emily Wilding Davison: The Martyr Suffragette*)

当時、女性は政治どころか、公の場所で発言することにすら「不向き」だと思われていた。一九〇九年に離婚に関する王室委員会が設置されたとき、エドワード七世は、離婚のように緻密で繊細な判断を要し、品格をもって扱われるべき問題は女性の前でオープンに語られるべきではないとして、女性委員の任命に反対した。結婚や離婚は、女性たちの主たる生活の場であった家庭を基盤とした男女の問題であるにもかかわらず、女性はそれについて考えたり、発言する冷静さやロジックを持ち合わせていないと思われていたのだ。

細菌学の分野で世界的に有名な病理学教授、アルムロス・ライト卿のような一国を代表する知識人でさえ、サフラジェットは非モテ系の寂しい女の集まりだとまで考えていた。彼は、ザ・タイムズ紙に寄稿した「ヒステリックな過激派への手紙」という記事で、サフラジェットについて言及し、「女性の運動は、メンタルな病と混同されている」と述べている。

彼女たちは性的に惨めな思いをさせられている女性たちであり、彼女たちの中では、すべてが心の痛みや敵意、男性への憎悪に変わるのだ。（同前）

女性参政権に反対していたのは男性だけではなかった。ヴィクトリア女王も反対だったし、ヴァージニア・ウルフの叔母のキャロライン・スティーブンも女性参政権反対組織ＷＮＡＬ（Women's National Anti-Suffrage League）のメンバーだった。流行作家ハンフリー・ウォード夫人や旅行記作家ガードルード・ベル、社会主義者で作家のベアトリス・ウェブ（後に転向）も反対派の女性たちだった。

こうした反対派の論考を、エミリーがどんな気持ちで読んでいたのかは想像にかたくない。「彼女はクールで冷静でありながら、何かの拍子に花火のように爆発する人でした」と友人が証言している通り、エミリーの心の導火線についた火がじりじりと黒い爆弾に近づいていくさまが見えるようだ。彼女はこの時期、友人に宛てた手紙を、こんな文句で締めくくっている。

「降伏拒否！　ブラボー！」

トーキョー、ブラボー!

とばかりに浜松をおん出て単身上京した文子は、まず東京の大叔父の家を訪ねた。この大叔父は母方の祖父の三番目の弟にあたる人だ。文子は、前もって彼に連絡していたわけではなく、いきなり訪ねて行ったのだと自伝に書いているが、大叔父は文子の父から「宜《よろ》しく頼む」という手紙を貰ったと後に証言している。文子の父は、娘の上京にあたって一銭の経済的支援もしなかったが、手紙ぐらいはタダだから書いてやるかと思ったのだろう。そのおかげで文子は大叔父宅に迎えられたが、ここでも花嫁修業して結婚しろと連日説教され、一か月もしないうちに飛び出す。

文子は「苦学奮闘の士は来《きた》れ」という求人ビラを見て、新聞販売店で住み込みとして働くことに決めた。そこでは貧乏な男子学生たちが新聞売りの仕事をしながら学校に通っていた。苦学奮闘の士。まずその言葉に文子は痺れた。苦学して出世し、自分をこれまで辛い目に遭わせてきた人々を見返すつもりだったからである。苦学闘士。まるで私のことじゃないか、と気持ちが熱く高揚した。

文子の社会へのリヴェンジとは、この時点では階級を上って偉い人になることだった。だから花嫁修業学校的な女学校ではなく、英数漢の三科目を専門に学べる学校に通い、女学校卒業の検定試験を受けて女子医専に進もうと思っていた。ふつう女学生は行かない学校を選んだ理由について、文子は「自分の生活が生活なので、女の仲間に這入って衣類の競争なんかに捲《ま》き込まれるわずらわしさから遁《のが》れるため」であり、「男の学校に這入って男と机を並べて勉強するということは、一方で普通の女より一段と高い才能を持っているような気にもなり、他方では、男と競争しても敗《ま》けはしないぞといったような男子に対する一種の復讐的な気持ちも加わっていて、自分にもはっきり意識しない虚栄心もそれに手伝っていた」と自伝に書いている。

強い上昇志向が窺えるが、だが文子の場合、そこに「男の力を借りる」というプランは含まれていなかった点を特筆すべきだろう。それは、父にしても、婚約者だった叔父にしても、これまで自分を失望させるような男としか出会ってこなかったということもあるし、何よりも、男に頼っては失敗して不幸になり続ける母親の惨めな姿が胸の奥にしっかりと刻まれていたからだろう。

私が私自身でやらねばならない、私が私自身でそれを生きねば意味がない。そうしなければわからない。そうでなければ摑めない。でも、何を?

その何かが「成功」ではないことに文子はまだ気づいていなかった。

こうして上昇を目指していた文子だが、現実とは酷いものでその向上心とは裏腹に彼女の生活はどんどん下降していった。午前は正則英語学校男子部一年に、午後は研数学館代数初等科に通い、午後四時半から夜中の十二時半まで上野三橋に立って夕刊を売り、夜中に店に帰ると米を研いだり食器を洗ったりして、眠るのは午前一時か二時頃。ついに疲れ果てて学校で居眠りする有様になり、これでは本末転倒じゃないかと思っていると、街頭で知り合った獣医学校の学生から石鹼売りの露店商人の仕事を手伝わないかと勧められる。この斉藤(自伝では伊藤)という青年も人力車夫をしている苦学生で、クリスチャンだった。仕事を変えようとしていることが店主にばれて新聞販売店から追い出された文子は、ホームレスになり、斉藤に紹介されたキリスト教救世軍小隊長の家に行く。

そこでは信者たちが集会をしていた。斉藤もそこにいて、文子は讃美歌集と聖書を渡されて婦人席に座らせられてしまう。

住み込みしていた店を追い出され、今宵の塒《ねぐら》のあてもなく、文子の気分は切迫していた。だから、そんなゆったりした歌とか平和そうに歌われてわけのわからない祈禱なんかされても、と最初はムカつくばかりだったが、人間、気が昂ぶっているときは何かの拍子で精神状態が思わぬ方向に裏返るものである。

文子はいつしか祈禱の文句に酔っぱらったようになり、小隊長の前に進みでて滂沱《ぼうだ》の涙をこぼしながら彼の足元に突っ伏していた。不安や恐れや憔悴といった感情がごうごうと一気に流出して止まらなくなってしまったのだ。小隊長は「アーメン」と言って文子を抱き起し、感極まった信者たちが、ハレルヤ! とか、おお神よ! とか声を上げていて、部屋の中はちょっとした宗教レイヴ状態になった。

「皆さん、救われた一人の姉妹《きょうだい》のために祈って下さい」

小隊長はそう言った。なんだかよくわからないが文子は救われたらしく、いつの間にかクリスチャンの仲間として受け入れられていたのだった。

そんなわけで、キリスト者の斉藤が文子のために湯島に部屋を借りてくれ、夜間に露店で粉石鹼を売り始めた。が、やっぱりうまく行かない。だんだん食べるにも困るようになってきて、行商も始めるが、「まあ、何てうるさいんでしょう、この頃は毎日のように孤児院が来るのねえ」などと言われて汚物のように住宅の軒先で追い返される。夜十一時過ぎに下宿に戻るとみんなもう寝ていて、戸を揺すぶっておかみさんを起こさねばならないが、さすがに何度も続くと起こす勇気もなくなり、文子は神社の境内で野宿するようになる。

いよいよ食いつめて家賃も払えなくなった文子は、ついにクリスチャンの鈴木(自伝では仲木)という砂糖屋の家に女中奉公に入ることになった。クリスチャンというからには厳格な暮らしぶりの家庭だろうと思っていたが、愛人を作って家にはほとんど帰らない大旦那と、ブツブツ言っているかと思えば長火鉢の上におっかぶさってヒステリカルに号泣している大奥さんがいて、人のいないところで若い兄嫁に抱きついたりキスしたりしている独身の息子もいるし、なんかもうブロークンしきってる家庭だった。しかも、計十一人の家族が好き勝手に生活していて、てんでバラバラの時間に起きたり食事したりするので、気がついたら朝五時から夜中まで誰かのためにずっと働かされていた。寝ている間以外はすべて勤務中という究極のブラック労働だ。

この時代、英国では、中流階級の家庭に奉公に出された若いメイドたちが髪を短く切り、真っ赤な口紅を塗って「フラッパー」と呼ばれ、主人たちに反抗的な態度を取って「召使い問題」という社会問題になっていた。これで英国の中流や上流階級の人々は、なんか急に貧乏人たちの態度が変わってきたぞ、と時代の変化に気づくことになったのだが、日本にはそんな階級闘争の狼煙《のろし》は上がっていなかったのだろう。文子は真面目によく働き、学校に行けなくなった自分の夢を託すように、同じ苦学生の斉藤に金を渡したり、彼のために座布団や枕を縫ってやったりしていた。

斉藤と文子は、実は文子が野宿していた神社の境内で一度セックスしていた。文子は叔父の元栄や、彼に縁談を断られる原因になった不純異性交遊の相手などもあったので、すでに処女ではなかったし、斉藤のために座布団など縫ってやっていたことから考えても、何かほんわかするものを感じていたのだろう。

彼女は十六や十七の娘にしては不思議なほど性にオタついていない。幼い頃から大人が動物のように交わる姿を目撃させられていれば、性に対する嫌悪感や複雑なトラウマを抱えていても不思議ではない。が、文子は違っていたようだ。鶴見俊輔は、文子が幼い頃からセックスを目撃していたことについてこう分析している。

人間の生活に普通にあることとして、それは三歳の子どもに受け入れられたのであり、小学校、中学校などでおとなからいかめしく人間の理想について説き聞かされたことをすなおにきいたあとで、性交についての事実をきかされたのとはちがって、性交を目撃したことは、それほどの衝撃をともなわなかった。〔略〕人間の性行為を隠してそのまわりに文化のかざりをつけるという明治の教育制度は、ふみ子とかかわりがなかった。ふみ子は小学校にさえ、ほとんど行くことがなかったのである。性について、自然児としてそれを受けいれたという
この体験は、ふみ子のその後の思想にとって、しっかりしたしんになるものだった。

（黒川創編『鶴見俊輔コレクション1　思想をつむぐ人たち』）

こんな文子だったから、クリスチャンの斉藤が文子への恋心を抑えられなくなり、悲壮感に満ちた告白をしたときにも当惑する。

「あなたを隣人として見ることだけでは満足出来なくなったのです……この意味おわかりですね」

斉藤がそう言うので、おお、愛の告白かと文子が胸を高鳴らせていると

「それで僕は今晩をかぎって断然あなたと訣《わか》れようと決心しました。そうです、これからは決してあなたを見もしなければ考えもしますまい」

と、相手は闇雲に別れを告げた。そして斉藤は、不浄の物から逃れるようにして後ろも振り向かずに去って行ったのである。文子は自伝にこう書いている。

寂しい、悲しい、それでいて、何となく微笑《ほほえ》ましい、そんな気持ちで私はしばらく、彼の後姿を見まもった。

アホか……、みたいな気持ちで文子は斉藤の後ろ姿を見ていたに違いない。後に東京地裁の訊問調書での発言で、文子はこのときの経験をクリスチャンの愚かさとしてバッサリ斬っている。

愛を旗印として路傍に宣伝する「クリスチャン」が偽らざる愛の実行を阻まれるということは何という矛盾であろうか、彼らは自分で造り上げた神という名称の前に自らを縛られ臆病である。信仰の奴隷である。

愛がだいじ、愛がすべて、と言っているわりには、彼らは人間と他者との自然な交わりを否定する。そんな愛なら、それはナルシスティックな独りよがりに過ぎないんじゃないのか。愛は他人に働きかけてリアルな暮らしを変えない限り、単なる欺瞞に過ぎない。そんなものは愛ではなく、愛と名付けられたイデオロギーだ。そういう類のものは人をいい気分にさせる麻薬に過ぎないのであり、人は麻薬の奴隷になってはいけないのだというこのときの確信を、文子はこれからさらに深めていくことになる。文子は同じ調書の続く箇所で、こうも言っている。

人間には外力に左右されない裸体で生きるところに人性としての善美があるに相違ない。

絶対の自然児である文子は、生身の人間という「培地」を、宗教やイデオロギーという「ウィルス」が蝕むことを許さない。人性、すなわちヒューマニティは「培地」にこそあり、「ウィルス」にはないからだ。

こうして文子はクリスチャンを見限った。

私はアンチ・キリスト、私はアナキスト。気分はほとんどセックス・ピストルズだ。

文子の思想が**太い矢印**のように地べたを走り始める。

巨大な矢印のように地下に溜まったマグマが一つの方向に流れ始めていた。

クリスマス休暇をダブリンで過ごしたマーガレットには、それがはっきりと目に見えるようだった。それは綿密に、周到に計画された軍事計画ではなかったが、蜂起に向け静かに助走を始めた人々の情念にはやむにやまれぬパワーがあった。

マダムことマルキエビッチ伯爵夫人と同じくらいマーガレットに強い印象を与えた人物は、アイルランド市民軍のリーダー、ジェームズ・コノリーだった。コノリーは、急進的民族主義者のパトリック・ピアースらと共に一九一六年のイースター蜂起を決行し、失敗して処刑された社会主義者である。幸徳秋水や大杉栄と対比させてコノリーについて論じた鈴木良平は、「コノリーの生涯が、幸徳（一八七一～一九一一）、大杉（一八八五～一九二三）の生涯と重なり合う点も見過ごされてはならないだろう」と書いている（「なぜジェイムズ・コノリーは蜂起したのか――幸徳秋水、大杉栄と対比して」『法政大学教養部紀要』九十一号）。

コノリーは、エディンバラでアイルランド移民の子どもとして生まれており、同じようにスコットランドで生まれ育ったマーガレットにとって心情的にも近いと感じられる存在だった。軍人

としてアイルランドの土を踏み、英国統治下にあった現地の惨状を実際に目にしたコノリーは、その後マルクス主義に傾倒。米国に渡ってアメリカ社会党員になるが、再びアイルランドに戻り、ひどい状況に置かれているアイルランドの労働者たちの権利を勝ち取るために闘う決意をする。「祖国を持たない」はずのマルクス主義者が民族主義者と手を携えて闘うことになった点は、イデオロギー的には一見不可解でもあるが、アイルランドの独立運動を牽引したのは社会主義者たちの労働運動でもあった。日本でもこの時代、大杉栄は「左右を弁別すべからざる状況」と言っていたそうだが、アイルランドの運動家たちを蜂起に向かわせた心情を思うとき、この言葉を思い出さずにはいられない。

コノリーを米国からアイルランドに呼び寄せたのは、ヘレナ・モノリーという女性運動家だった。ダブリンの小売店主の娘として生まれた彼女は、「アイルランドの女性たち」という新聞の編集責任者になった。これは女性民族主義者たちの新聞で、ファッションやインテリア、料理などの記事を多く掲載し、英国風ではなく、アイルランドの伝統的なスタイルに立ち返ることを女性たちに啓蒙し、随所に英国の統治に対する痛烈な皮肉や風刺を盛り込んでいた。ヘレナは自分の新聞について「銃とシフォンのミクスチュア」のような媒体だと語っていたという。当時の新聞販売員たちは、彼女の新聞を「若い男性たちが買う女性の新聞」と語っており、ミリタンシーと政治思想とパンのレシピを共存させたようなヘレナ・モノリーの新聞が、青年たちに読まれていたことがわかる。アイルランドの若い男性たちに革命をアジっていたのが女性紙だったというファクトは面白い。

ヘレナは舞台女優としても活躍した女性で、ダブリンのカルチャー・シーンの中心に立つセレブリティであり、同時にミリタントな政治アクティヴィストでもあった。一九一一年にはジョージ五世のアイルランド訪問に強く反対し、繁華街グラフトン・ストリートの商店のウィンドウに飾られていた英国王の肖像画に石を投げ、刑務所にぶち込まれている。

ヘレナの政治的関心は民族運動だけに留まらなかった。二十世紀初頭、ダブリンの多くの若い女性たちが労働運動に身を投じたが、ヘレナもその中の一人だった。ダブリンの労働者階級の惨状を知っていたヘレナは、貧困をなくすには下から突き上げる組合運動が不可欠だと思っていた。

彼女にとっては、労働運動もナショナリストとしての運動も、下側の者たちを苦しめ、搾取《さくしゅ》している雇用主や支配者たちに抵抗する運動として一貫性のあるものだった。植民地アイルランドにおける究極の支配者とは、すなわち大英帝国だったからである。

ヘレナとマルキエビッチ伯爵夫人、そしてジェームズ・コノリーの三人は、同志の絆で固く結ばれていた。マーガレットはそんな指導者たちの関係を憧れのまなざしで眺めていたようだ。

この三人の友情と協力を見ていると、アイルランドへの愛と、アイルランドを解放するという決意の前には、階級の壁は消滅するのだということがわかる。

(Margaret Skinnider, *Doing My Bit For Ireland*)

コノリーは物静かだったが、ピリピリと張りつめるような緊張感を発散するカリスマティックな男性だった。背は低く、がっしりとした体型で、眼光鋭く、話し方は実直で強い意志に満ちていた。

彼は人間を組織する天才だったとマーガレットは評している。当時、ギネス工場を除けばダブリンには大勢の従業員が働いている工場はなかったので、ゼネストを打とうとしても動員は容易ではない。だが、コノリーは天賦の才を用いて、アイルランド運輸・一般労働者組合(ITGWU)の組合員を中心に労働者たちを鼓舞し、一九一三年にダブリン・ストライキを決行した。同年八月から翌年二月まで続いたこのストライキでは、警官隊の暴行で二人の労働者が命を落とした「血の日曜日」事件が起こるほど暴力的な鎮圧が行われた。雇用主たちは事業所を閉鎖し、労働者たちを職場から締め出した。これが有名な「ダブリン・ロックアウト」である。約二万人のストに参加した労働者たちは文字通り食べられなくなり、最終的には飢餓に耐えられなくなって仕事に復帰し、ストは収束した。

このスト中、事業所閉鎖で失業した女性たちの多くが社会活動に関わるようになった。コノリーが組織した無料で労働者たちに食料を提供する組織に参加した女性たちも多く、ヘレナやマルキエビッチ伯爵夫人も失業者とその家族に温かい食べ物を供給するためのスープキッチンに立ち、エプロンがけで大鍋でスープを作り、かいがいしくストリートで立ち働いた。

ゼネストが終結し、組合の力も弱体化していくにつれ、コノリーは労働運動ぐらいでは当時のダブリンが置かれていた状況は変えられないと思うようになる。当時のダブリンは、死亡率、トイレなどの衛生問題において世界でも最悪のスラム街の一つだったのだ。

マルクス主義者のコノリーは万国の労働者たちの団結を信じていたので、ダブリン・ストライキでも、植民地と統治国の関係を越えて、英国労働党や労働組合がストに共鳴し、共闘してくれると期待していた。しかし、彼らは食糧をのせた船をよこしただけで、「同情スト」には立たなかった。要するに、「兄弟たちの闘いは俺たちの闘い」とは思ってくれなかったのである。

統治国と植民地の壁すら越えられない労働運動に限界を感じたコノリーは、民族主義者たちに近づいていく。ふと見渡せば、一九〇九年にマルキエビッチ伯爵夫人が作ったフィアンナ・エイリアンがあった。フィアンナ・エイリアンはアイルランド版ボーイスカウトを作る目的で組織された少年団だったが、実は明らかにアイルランド人による革命を目指して準備を進めていた準軍事組織だった。これを見て、労働者による軍隊も必要だと感じたコノリーは、社会主義労働組合の武装組織、アイルランド市民軍（ＩＣＡ）を作ったのである。

インターナショナルなマルクス主義者が民族主義に傾く、というのは、端的に言って矛盾している。しかし、本気で状況を変えようとすれば、そんなことを言っている場合ではないことを彼は経験から悟っていた。美しい理想や主張を述べ合ってわいわい揉めているだけでは、惨たらしい地べたの現状は一ミリも変わらないのだ。俺のイデオロギーとエスタブリッシュメント独裁を現実に粉砕することのどちらが重要なのか。変節上等。そんな葛藤の末に生まれた諦念をもって独立運動を率いるようになったコノリーには、常にどこか醒めたところがあり、他のナショナリストたちのような浮ついた部分がなかったとマーガレットは評している。

蜂起はドリーマーや理想主義者たちがやることだと思っている人々へのアンサーがコノリーだった。彼が労働者たちをアイルランド共和国のための闘いに参加させるからには、共和国実現の勝算があるのだということを、彼を知る人なら誰でも疑うことはなかった。彼は現実的で、命を落とすことの栄誉のためだけに流す血など一滴もないと考えていた。彼にはメロドラマチックなところは一切なかった。

（Margaret 前掲書）

この頃、「ケルティック・リバイバル」と呼ばれるカルチャー・ムーブメントが起こり、アイルランド文芸復興の流れに乗って、アーサー・グリフィスが結成したナショナリスト政党であるシン・フェインが支持を広げていた。コノリーは当初、シン・フェインと組むことを考えていたが、グリフィスは労働者階級には関心はなかった。民族主義者たちは、往々にして労働問題には興味がなく、自分たちも貧者たちから血を絞り上げているエスタブリッシュメント階級であることが多かったのである。

貧困家庭に生まれ、生粋の労働者階級として育ったコノリーが彼らに心から賛同することは難しかった。そんなコノリーの同志となったのが、マルキエビッチ伯爵夫人やヘレナといった女性たちだったというのはおもしろい。

三人にとって蜂起とは、ヒロイックな英雄譚でも、美しい革命でもなかった。それはアイルランドが自らを治める権利を取り戻し、富者のためのシステムを抜本から作り変えて労働者とその家族を貧困の淵から解放するためのリアルな闘争だった。

マーガレットがマダムことマルキエビッチ伯爵夫人の邸宅に滞在していたときも、コノリーはしょっちゅうマダムを訪れていた。マーガレットがスコットランドに帰る直前、マダムは、これほどコノリーの機嫌がいいのを見たことがないと言った。彼は、イースターの日曜日近くに、武器や弾薬を大量に載せた船が米国からアイルランドに到着すると聞いたのだった。

クリスマス休暇が終わってマーガレットがアイルランドを去る日、マダムは、蜂起決行の報《しら》せを受け取ったらすぐダブリンに戻ってくるよう彼女に約束させた。

「たぶん、それはイースターの前になるでしょう」と。

スコットランドに戻ったマーガレットは、再び数学教師として働きながら、イースターにアイルランドで蜂起が起こることを自分の母親に打ち明けた。しかし、母親は首を振った。

「誰かが裏切るよ。そうならないアイルランドの蜂起なんてあるわけがない。一八六七年もそうだったし、その前は一七九八年」

だが、実際にダブリンの地下で蜂起を企む人々の姿を見てきたマーガレットは、母親の言うことが正しいとは思えなかった。

「いや、今回は違うと思うよ。富者も貧者も、港湾労働者も学校の先生も、詩人もバーテンダーも、みんながユナイトしていた」

マーガレットは母親にそう言った。

「彼らは、今度こそ一つの方向を向いて、一緒にやると思う」

そしてマーガレットの**予言は当たった**のである。

自分の**予言が当たった**とばかりにドヤ顔で大叔父は言った。

「言わんことじゃない。新聞売りや夜店商売なんかで学問の出来るはずはない。それも男ならまだしも、女じゃないか。所詮《しょせん》、学問なんか思いきった方がいいよ」

クリスチャンの砂糖屋での女中奉公をやめた文子は、二か月ほど堀という社会主義者の家に住み込んだのだが、そこでの生活にも嫌気がさして、結局はまた三ノ輪の大叔父の家に戻ったのだった。

文子はキリスト者たちの生活に失望した後、社会主義者たちに期待をかけた。街頭で新聞売りの仕事をしていたときに、社会主義者たちがそばで演説をしたりしていたので、文子もロシア革命についてのリーフレットを貰ったりして、いわゆる「仲間」の一人と見なされるようになったのだ。だから、クリスチャンの砂糖屋の家を出た後、社会主義者の印刷屋だった堀の家に住み込むことにした。だが、彼の生活ぶりは、社会主義のイデオロギーからは遠くかけ離れていた。自分の出世の妨げになることを恐れて内縁の娘に自分を「兄」と呼ばせていたり、同志たちが寒い部屋で懸命に活字ひろいをしている間に自分だけは二階のこたつに寝そべっていたりして、人道主義者というより、単なる狡猾でケチな男に見えた。

この頃、文子は社会主義者の久津見房子《くつみふさこ》とも知り合っている。しかし、自分の子どものことを顧みず、若い男と朝から晩まで出歩いている彼女の暮らしぶりにも疑問を感じた。さらに、講壇に立って「要するに現在の社会を破壊するにある」とさえ言っておけば、立ち会いの警察官が演説中止命令を出して翌日の新聞が報道するから名前が売れて効果抜群、などと、いま風にいえばポピュラリズムみたいな戦略で自分を売り出そうとしている姿勢に引いてしまう。

文子には、社会主義者たちが「体制を破壊して新たな理想社会をつくる」と言っているわりには、現在の体制のなかにある世間的な価値観で「出世する」とか「有名になる」ことを重要視しているように見えた。それでは自分から体制にはまり込んでいっているのと同じことなのに、いったいこの人たちは本気で何かを壊す気などあるのだろうかと思った。

そんなこんなでいろんなことに嫌気がさして文子は大叔父の家に帰ったのだった。大叔父はもはや文子に学問を辞めさせることはせず、家事手伝いをさせながら再び学校に通えばいいと言った。だが、家事手伝いというより、実はこれは女中奉公で、朝五時に起きて朝食の支度をし、みんながまだ寝ているうちに学校に行って昼過ぎに帰宅。それからはまた洗濯や掃除、食事の支度と一日中働きづめだった。

考えてみれば朝鮮にいたときと大差ない身分だったが、大叔父は祖母のように文子を虐待しなかったし、一か月五円の小遣い銭もくれたので、それで月謝と電車代を賄うことができた。

学校で、文子は数人の社会主義者の学生と親しくなった。社会主義者の暮らしぶりには失望していた文子だが、思想そのものにはまだ惹かれるものがあったようで、こうした学生から読み物を貰ったり、借りたりして、社会主義思想とは何なのかを本格的に学ぶようになる。だが、それは文子にとっては、「目から鱗が落ちる」というようなものではなかったようだ。

社会主義は私に、別に何らの新しいものを与えなかった。それはただ、私の今までの境遇から得た私の感情に、その感情の正しいということの理論を与えてくれただけのことであった。私は貧乏であった。今も貧乏である。そのために私は、金のある人々に酷《こ》き使われ、苛《いじ》められ、責《さい》なまれ抑えつけられ、自由を奪われ、搾取され、支配されてきた。そうして私は、そうした力をもっている人への反感を常に心の底に蔵していた。と同時に、私と同じような境遇にある者に心から同情を寄せていた。

本を読んでいて、自分の経験や漠然とした考えが的確に言語化された表現を見て、「おお」と思うのは誰にでもある体験だろう。だが、ここでの文子の記述はその先を行っている。文子は、「おお」と思って線を引く(現代でいえばツイッターでリツイートする)のではなく、こんなものはもう知っていたから今さらとくに有難くはなかったと言っているのだ。文子は、誰がその呼び名を教えてくれなくとも、すでにプロレタリアートであり、個人的な経験に基づいた信念は社会主義そのものだった。

社会の構成は究極的には「上」と「下」だと悟り、自分は下側の者たちのために戦うのだと文子が決意したのは、朝鮮で死のうとしたときである。何を今さら。私はあのときに全身でこの思想を読んだではないか。

けれども自分はあれから何をしてきただろう。すべての下側の者たちのために復讐するとあれほど強く誓ったのに……。文子の中でふたたびあの気持ちが盛り上がってきた。


ああ私は…………………………してやりたい。私達哀れな階級のために、私の全生命を犠牲にしても闘いたい。


失われた部分に文子は何と書いていたのだろう。ああ私はこの階級の頂上を爆破してやりたい。ああ私はこの支配の根源にある者を破壊してやりたい。みたいな感じだったのだろうか。獄中で文子がここに何を書いていたのかはもはや知る由もない。

だが、大叔父の家にいた時点では、文子の怒りはまだ焦点が合っておらず、それをどう使っていいのかもわからずに、なんとなくイライラした気分で日々を暮らしていた。そんな折、山梨から上京して役所に勤めていた瀬川がひょっこり文子の前に現れた。瀬川は、文子の叔父である僧侶の元栄が文子の「不純異性交遊」の相手だと言った青年であり、それが原因で元栄は文子との結婚の約束を破談にしたのだった。ちょうどいいときに出て来たじゃないか、とばかりに文子は瀬川の下宿に通うようになり、イライラを彼との性的関係でまぎらすようになった。

この頃、どういう心境の変化なのか、珍しく父親がわずかばかりの金を送ってきて浜松に帰って来いなどと言うので、文子は夏休みに帰省している。だが、父は相変わらずで、そのしょうもない虚栄心やケチな了見が年々ひどくなっているように感じられ、またもや父親と衝突してしまい、文子は母方の家族がいる山梨に向かう。

しかし、母はまたしても婚家を出て一人で製糸工場で働いており、親戚たちは、東京で苦学している文子に向かって、早く学校の先生になって母親の面倒を見ろとか説教してきたのだった。老いた母親は一族に将来的な負債と見なされ、また家族間でその負債のたらい回しが始まっていたのだった。だいたい自分は家族に捨てられたから今日までこんなに苦労してきたのに、今さらそんな負債と返済の呪いの鋳型にはまり込むか。と、うんざりした文子は東京に戻った。

むしゃくしゃするので瀬川の下宿に直行してセックスしたのだが、父と母のさもしい状況を見てきたばかりだったせいか、文子は、自分が両親の無計画な妊娠によって誕生し、入籍すらされなかったことを思い出した。

「こんなことしていて……もし子供でも出来たらどうするつもり？」

と文子は瀬川に訊いてみた。

「子供が出来たらどうするかだって？　僕はそんなこと知らないよ……」

瀬川はそう答えただけでヴァイオリンを手に取り、窓の框《かまち》に腰かけて優雅につらつら弾き始めた。文子はこの呑気な男の姿に怒り心頭し、「おもちゃにされた」ことを悟ったと書いている。が、これは世間的によく言う、「将来の妻として家庭の計画・設計を考えて交際してなかったなんて、自分の女としての価値を落とされた」とかいうことではないだろう。

絶対の自然児である文子は、もっとベーシックなこと、つまり生きた人間である自分が、彼の性的欲求という生物的衝動の排出先に過ぎなかったということにショックを受けたのである。

私はおまえの便器ではない。感情もあれば子も孕《はら》む生きた人間だ。

瀬川に激怒した文子は、同じ下宿に住んでいた玄《ヒョン》という朝鮮人留学生と仲良くなる。玄は自分を社会主義者だと言ったが、実はそれほど運動には深入りしておらず、哲学を学んでいる資産家の息子だった。朝鮮に住んでいた文子は懐かしさを感じてすぐ彼と深い仲になる。が、彼の部屋に頻繁に通うようになると、大叔父の家でいろいろ言われるようになって居づらくなってきた。それを玄に打ち明けると、彼は文子と同棲すると約束したが、これまたのらくらしていっこうに実行には移さなかった。

そんなある日、久津見房子が重病だから見舞いに行くと嘘をついて玄の部屋に行き、そのまま泊まってしまった文子は、翌日、大叔父の家に帰りづらくなった。それで、久津見が質入れしていた自分の着物を持って帰れば家の者たちも納得するだろうと思いつく。着物を質屋から出す金を玄にもらって久津見の家に向かったが、彼女は引っ越した後だった。「労働社」に行って聞いてみると、彼女は大阪に行ったという。

しかたなく文子は久津見の行きつけの質屋に行った。が、文子の着物はもう質流れにされた後だった。

「何しろ、何度かけ合ってもただの一度も利子さえ入れて下さらないものですから……」

と番頭は言う。

それではしようがないので、文子は諦めて帰り道を黙々と歩いていた。が、内心ではぶち切れていた。だいたい米代が払えないからと言って人の着物を勝手に質に入れといて、流れるにまかせて流すとはどういう了見だ。

今まで「主義者」というものを何か一種特別の、偉い人間のように思っていたことのいかに馬鹿らしい空想であったかということを、私は今はっきりと見せつけられたような気がした。美《うる》わしい天上の夢から、汚いどぶの中へ叩き落されたような幻滅である。

「久津見は一貫して労働運動、とくに女性労働運動に専念した人であり、若い文子の久津見に対する見方はきびしすぎたのかもしれない」と山田昭次は書いている(『金子文子』)。しかし、その呼称や理論は知らなかったけれども私自身が社会主義だった、と直感した文子である。彼女にとって思想とは、本に書くことでも思索することでも、もっと言えばわざわざ運動することですらなく、生きることそのものだった。人間性と思想が乖離している主義者など、文子に言わせればば詐称者に過ぎない。

汚いどぶの中へ突き落とされた文子は、泥水をざばざば足でかき分けて黙々と進んでいた。文子が探していたものは天上の理想の花ではない。

このどぶの中に、この泥の中から頭をもたげて開くような、そんな**地上の花**だった。

サフラジェットを**象徴する花**の一つは紫のアイリスだ。

ＷＳＰＵ（女性社会政治同盟）のハマースミス支部のバナーにはアイリスが刺繍されていた。「これは女性らしさを表わすだけでなく、知恵や信念を表わす」と佐藤繭香『イギリス女性参政権運動とプロパガンダ――エドワード朝の視覚的表象と女性像』には書かれている。

エミリーが亡くなったときの葬式行列でも、ロンドンのＷＳＰＵのメンバーたちは紫のアイリスを抱えて歩いていたし、エミリーの棺が埋葬されたときには多くのサフラジェットが紫のアイリスを投げ入れたと言われている。

ＷＳＰＵは組織のテーマカラーを決め、行進するときに統一された色彩で人々の視覚に訴える戦略を取っていた。テーマカラーの三色は、紫、白、緑だった。「紫は威厳、白は純粋さ、そして緑は希望を意味した。西洋では、紫はしばしば正義、時には知恵を意味し、白は女性の純粋性、貞節、節度、そして緑は希望だけでなく、若さや喜びを表わした」という。

「赤毛のモナ・リザ」と呼ばれたエミリーから受けるイメージは、残された写真などを見ても、白や緑というよりは、やはり紫という感じがする。紫という色が象徴する「知恵」を尽くして体

制をおちょくり、女性参政権獲得という「正義」のために闘ってきたエミリーが、その大義のためなら命を落としてもいいと本気で思い始めたターニングポイントが、ストレンジウェイズ刑務所の独房で放水攻撃された一件だった。

エミリーが降参してドアを開けようとしないので、ついに看守が扉を破壊して突入してきたとき、エミリーは「ドアが落ちてきたら、その場で私は死んでいた」と明らかに認識していた。だが、彼女は座っていた場所から動かなかった。自分の上に扉が落ちてくればいいと思っていたわけではないだろうが、落ちてきたら死ぬまでだと覚悟していたのである。

それは、「私はどうやら自分の命は惜しくないらしい」ということを彼女自身が明確に悟った瞬間でもあった。そのとき、エミリーは個人の人生よりも、もっと長いスパンの何かに接続したのかもしれない。

この事件以降、エミリーは、まるで生への固執から解放されたかのように、ほぼ絶え間なく恐れ知らずのミリタンシーを行っている。が、いくら路上で暴れて話題になっても議会政治に影響を及ぼすことはできなかった。女性参政権問題が一向に進展しないことにエミリーは絶望感と苛《いら》立《だ》ちを感じ始める。

当時、サフラジェットに最も忌み嫌われていた政治家はロイド・ジョージだった。一九〇八年に自由党内閣で財務大臣に就任したロイド・ジョージは、最初は女性参政権運動に理解を示す立場を取っていたにもかかわらず、掌を返したようにサフラジェットたちに冷たい態度を取るようになる。最初から興味を示さない人がサフラジェットに冷たいのはしょうがないが、理解を見せていた政治家が急にスタンスを翻すとその裏にはいったい何があるのかという疑念が湧いてくる。サフラジェットたちが彼を非難すればするほど、彼の態度も頑なになっていくという不毛な関係が生まれていた。その頃、彼はラディカルな予算案を貴族院に承認させるために各地で演説を行っていたのだが、ついにロイド・ジョージはその会場に女性が入ることを禁止する。彼は女性に参政権を与えれば国政選挙で野党の保守党が有利になるのではないかと考えるようになり、政局的な動機から女性参政権運動に対するスタンスを変えたのだった。

彼の心変わりに激怒したエミリーは、ロイド・ジョージに手紙を送り続けた。彼は、実は自由党の中では話せる政治家であり、より平等な社会を目指す必要性を訴えて、富裕層増税を盛り込んだ「人民予算」を議会に提出したり、七十歳以上の高齢者に年金を支給する老齢年金法制定を主導したりと、当時としては非常にプログレッシヴな改革を次々と行った人物だ。その彼が、なぜ女性参政権運動を後押しすることを急に止めたのか、エミリーには理解できなかった。彼女がロイド・ジョージに送った手紙の一通にはこう書かれている。

私は確信しています。このような法律制定にあたり、数百万人いる女性の協力を得るまでは、住宅政策や禁酒、社会改革のための真に有効で優れた措置は実現できないでしょう。なぜ法の改革を行うときに、女性たちに話しかけないのですか。

(Lucy Fisher, *Emily Wilding Davison: The Martyr Suffragette*)

一向に耳を貸さないロイド・ジョージに痺れを切らしたエミリーは、それならハーバート・アスキス首相と直談判してやろう、と思いつく。

アスキス首相は、女性参政権問題に関しては、「自分はいま貴族院改革の問題で精いっぱいなのですよ」みたいな煮え切らない言い訳を続けていたからだ。エミリーは、それなら国会に単身で乗り込んで行き、アスキス首相に直接「どうして女性参政権運動をガン無視しているのですか」と聞いてやろうと思ったのである。

乗り込むと言っても国会の警備は厳重である。そこでエミリーは、人気のない国会議事堂の中に週末のうちに忍び込み、月曜の朝に登院してくるアスキス首相をつかまえて直訴してやろうと考えた。彼女は土曜日のうちに議事堂の中に忍び込み、関係者以外立ち入り禁止の扉から下院に侵入して、暖房装置のある暗く狭い部屋に隠れた。そこには梯子があって上部に登っていけるようになっていたが、上に行くほど狭くなって危険な感じに見えたので、一番低い場所にあった踊り場の上に落ち着くことにした。

暖房装置の中に忍び込んでいるのだから、当然、それが点火されている時間帯は猛烈に暑くなる。結局、エミリーは喉の渇きに耐えられなくなって水を飲むために部屋から出て行ったときに発見されてしまうのだが、この狭く暗く暑い場所に彼女は三十六時間以上も潜んでいたことになる。まるで女ねずみ小僧さながらだが、発見されたとき、暖房装置の中に潜んでいたエミリーの顔や手はすっかり煤《すす》けて真っ黒けになっていたという。この一件で国会議事堂に忍び込むのは楽勝だと思ったのか、以後もエミリーは二回ほど同様のことを行っており、特に三度目の侵入はサフラジェットの抵抗として有名な出来事の一つに数えられている。

エミリーは、一九一一年の国勢調査に参加して国民の一人に数えられるのを拒否し、四月二日に再び国会に忍び込んで一夜を過ごした。

ＷＳＰＵの国勢調査に対するスタンスは、「ポリティカルな権限が全く与えられていない女性が、国勢調査に参加する必要はないではないか」というものだった。エミリーは「私は女性であり、女性は国家に参加させてもらえないのだから、国民の一人として数えられることを拒否します」と宣言し、国勢調査から逃れるために、国会議事堂をシェルターとして利用したのだった。

またもや易々と下院に忍び込んだエミリーは、ガイ・フォークスの名前のついた戸棚の中に潜んで一夜を明かし、最終的には清掃職員に見つかってしまった。

それから八十年後の一九九一年、労働党左派の伝説の議員だったトニー・ベン（現労働党党首ジェレミー・コービンの師でもある）が、自らの手でエミリーの抵抗を記念するプラーク（刻版）を議事堂の地下に設置した。プラークにはこう書かれている。

一九一一年の国勢調査の夜、この清掃用具を入れる戸棚の中にエミリー・ワイルディング・

デイヴィソンは隠れていました。

彼女は勇敢なサフラジェットであり、議会が女性参政権を認めなかった時代に、女性の投票権を求めて運動しました。

国税調査の夜にここに隠れることで、彼女は自分の住所を「下院」と登録することができ、それは女性にも男性と同じ政治的権利が与えられるべきという彼女の主張でもあったのです。

〔略〕英国の人々のデモクラシーは、このような方法で勝ち取られてきたのです。

(Plaque to Emily Wilding Davison　https://www.parliament.uk)

エミリーは、この三回の国会議事堂侵入で、なぜか一度も起訴されていない。起訴されると「刑事裁判所ではなく、下院に出頭して裁かれることになるそうで、それがたぶん起訴されなかった理由だろう」とエミリーは書き残している。センセーショナルに目立つ行動を起こしてメディアを騒がせ、女性参政権の問題を世に知らしめることがサフラジェットの戦略だったので、お上の側にすれば、話題の「暴れる女」を議会に登場させるなどという恰好のネタをメディアに与えるわけにはいかなかった。

エミリーの議会や政治家に対する態度を見るとき、彼女は実は議会制によるデモクラシーを全く信じていなかったのではないかと思える節がある。血の滲むような想いで運動しているのに事態が前進しないというフラストレーションはあったろうが、彼女が公共資産を派手に破壊して回った事実は否めない。郵便システムさえ混乱させたし、全国規模での放火キャンペーンを始めた当人であり、爆発物キャンペーンのリーダーでもあった。エミリーは、サフラジェットの運動に関わっていくうちに、法の支配を否定するアナキスト的な思想を持つようになったのではないか。そうしたアナキーな面を持ちながら、議会政治に参加するための権利を求めていたというのが彼女のパラドキシカルなところではあるが、矛盾は常に転がっているものである。サフラジェットを無視し続けたアスキス首相(ちなみに、女優のヘレナ・ボナム・カーターは彼の曽孫)だって、けっして暇だったわけではなく、別の分野で地べたの人々の生活を向上させるために働いていた。彼の政権は老齢年金制度のために財務省から資金を確保する必要があったし、国民保険法を制定し、国民健康保険制度と失業保険制度を定めるという英国史のマイルストーンとなる改革を推進し、福祉国家への第一歩を踏み出そうとしていた。この首相の優先課題は、貧しい人々や老齢者、疾病者の生活だったのだ。

だからと言って女性参政権を軽視した言い訳にはならない。が、これもまた別の側面から見た歴史の事実だ。不平等、という問題に本気で取り組む人々が現れた百年前は、様々な分野でそれを行おうとする人々が、優先順位を争って対立した時代でもあったのだ。

それが平等を求めない人々との対立よりもむしろ激化し、分断をこじらせていくのは、いつの世も変わらぬ**アイロニック**な現象と言えるだろう。

叔父に対する文子の態度は**アイロニック**であり、どこか悲劇的でもあった。

僧侶のくせに十代の姪の体を弄び、飽きたら結婚の約束を反故にした叔父を軽蔑し、憎んでいたはずなのに、いざ彼が病気になって上京し、三ノ輪の大叔父を訪ねてくると、彼を連れてせっせと病院まわりをしたりしているからだ。

文子にはそういうところがある。彼女の人を見る透徹した目が私情では曇らないように、彼女の他者に対する態度も私情では制限されない。助けが必要な人は助けが必要なのだ。

だが、どこの病院に連れて行っても彼の回復を保証してくれる医師はいなかった。結局、諦めて山梨に帰る叔父を、文子は駅まで送って行く。

「ありがとう。しっかり勉強おし」

と帰って行く叔父を見送りながら、文子は彼に会うのはこれが最後になるだろうと直感する。

どスケベな美男僧侶だった叔父が、死相を漂わせながらひっそり汽車に乗り込んで行く姿は文子を空しい気分にさせた。

辛気臭いのでセックスでもするか、と思ったのだろう。文子は方々電話をかけて玄《ヒョン》の居場所を突き止めて会いに行くが、ドイツに留学することになったから、とかいう理由で唐突に別れを告げられてしまう。

こういう事情で玄とは別れたのだったが、彼と夜遅くまで外出したり、外泊したりしたせいで、もう大叔父の家には居づらくなっていた。

そこで文子は、通称「社会主義おでん」こと岩崎おでんやに転がり込み、女給として働き始める。主人の岩崎は社会主義者のシンパであり、新聞記者や社会主義者、知識人が集まる店として有名だった。岩崎は後に文子の大逆事件で証人台に立ったとき、文子は一九二一年中頃から翌年にかけて十か月間そこで働いていたと話している。

岩崎の証言によれば、文子は真面目に女給として働き、夜は正則英語学校に通って優秀な成績をおさめていたそうだ。非の打ちどころのない立派な女給だと思っていると、岩崎のいないところでは思想的な問題でやたらと議論して他の女給たちを煙に巻いていたので裏表のある人間だと噂になっていたそうだ。おそらく頭の切れる文子に言い負かされた女給たちがヒソヒソ陰口を叩いていたのだろうが、文子は「社会主義おでん」ではなく、夜間学校で自分と互角に渡り合える若い女性と知り合った。

ニヒリストの新山初代《にいやまはつよ》だ。

文子より二歳年上の初代は、英国人経営の会社でタイピストとして働きながら正則英語学校に通っていた。文子は自伝にこう書いている。

初代さんは恐らく私の一生を通じて私が見出し得たただ一人の女性であったろう。私は初代さんによって多くのものを教えられた。ただ教えられたばかりではない。初代さんによって私は真の友情の温かみと力とを得た。

初代は文子のような貧困家庭の出身ではなく、中流の余裕ある家庭で育ったが、彼女が女学校二年生のときに父親が亡くなってしまう。まもなく初代自身も肺を病み、半年以上も郷里の新潟で静養させられた。初代はその頃に生死の問題について深く考え始め、仏教を研究するようになった。初代の頭脳明晰さを知る人々は、彼女に勉強を続けるように勧めたが、シングルマザーになった母親と妹のために自活の道を選び、働きながら夜学で英語を学んでいたのだった。文子は、彼女のやることなすことすべてに惹かれるようになり、いつか仲良くなりたいと思うようになる。そんなある日、初代が「死」の問題について男子生徒と熱く議論しているのを文子は耳にした。初代はこう語っていた。

「私は肺病です。だから死については、かなり深く考えたつもりです。で、私は思うんです。人が死を怖れるのは死そのものを怖れるのではなく、死に移る瞬間の苦痛を怖れるのではなかろうかと。なぜって、人は睡眠を怖れないじゃありませんか。睡眠は意識を喪失する点においてこれもやはり一時の死であると言ってもいいのに……」

初代の言葉は文子を一瞬にして朝鮮の芙江に連れ戻した。

単衣の袂に砂利をつめ、石を入れた赤いメリンスの腰巻を胴に巻いて立っていた錦江の岸辺。小波一つ立っていない青黒い淵。静寂がおっとりと口を開けて文子を待っていた。飛べば終了。そのとき突然、文子は頭上に蟬の鳴き声を活き活きと聞いたのだった。

「私はそうは思いませんね。私は私の体験からこう断言することができるんです。人が死を怖れるのは、自分が永遠にこの地上から去るということが悲しいんです。言葉をかえて言えば、人は地上のあらゆる現象を平素はなんとも意識していないかも知れないが、実は自分そのものの内容なので、その内容を失ってしまうことが悲しいんです。睡眠は決してその内容を失ってはいません。睡眠はただ忘れているだけのことです」

気がついたら文子はそう言ってしまっていた。初代が文子のほうを振り向く。

「あなたには死の体験があるのですか」

文子は答えた。

「ええ、あります」

ほう。と初代も思った瞬間だっただろう。

本で読んで心酔して喋っている言葉と、血肉を宿した言葉の温度は違う。前者はかっと熱いが、後者はしんと冷えている。自らも切実に死と向き合ったことのある初代は、文子の言葉にその冷たい冴えを聞き取った。

こうして文子と初代は無二の友人どうしになる。貧乏で本が買えなかった文子は、初代から『労働者セイリョフ』や『死の前夜』などを借りて貪るように読んだ。ベルクソンやスペンサー、ヘーゲルといった哲学者たちのことを教えてくれたのも初代だった。だが、文子がもっとも感じ入ったのは、シュティルナーやアルツィバーシェフ、ニーチェのニヒリスティックな思想だった。

初代がこれまで文子が出会ってきた社会主義者たちと異なっていたのは、彼女は人間や社会について期待してないということだった。幼い頃から家族を冷徹な瞳で見つめ、人間というものはそんなにいいものではない、と現実的に知っていた文子には初代のニヒリズムはしっくり来た。そして、勉強して出世し、すべての下側の者のために復讐すると誓いながら、自分がいつも一抹の空しさを感じ続けていた理由もわかってきた。

今までは薄いヴェールに包まれていた世の相《すがた》がだんだんはっきりと見えるようになった。私のような貧乏人がどうしても勉強も出来なければ偉くもなれない理由もわかってきた。富めるものがますます富み、権力あるものが何でも出来るという理由もわかってきた。そしてそれゆえにまた、社会主義の説くところにも正当な理由のあるのを知った。

文子は社会主義の妥当性は認めている（なぜなら文子の人生の来し方そのものがその妥当性を示していた）が、しかし社会主義者たちには疑問を覚えていた。社会主義者が目ざす世界の変え方は、結局は文子が「勉強して出世して見返す」ことを標榜していたのと同じで、既存の社会のテンプレートに自分からはまり込んでいくことに見えた。それは「社会を変える」という耳触りのいいフリルを施した単なる支配欲に過ぎないのではないか、と思ったのである。

「民衆のために」と言って社会主義は動乱を起すであろう。民衆は自分達のために起《た》ってくれた人々と共に起って生死を共にするだろう。そして社会に一つの変革が来《きた》ったとき、あその時民衆は果《はた》して何を得るであろうか。

指導者は権力を握るであろう。その権力によって新しい世界の秩序を建てるであろう。そして民衆は再びその権力の奴隷とならなければならないのだ。しからば、××とは何だ。それはただ一つの権力に代えるに他の権力をもってすることにすぎないではないか。

文子は、自分の体を弄んだ叔父でも病身になれば献身的に世話をしてしまう温かさを持つ一方で、人間というもののダメさを冷静に確信していた。文子は人間を愛していたが、信じていなかった。社会主義者たちは下層の者たちを清く哀れな弱者と思いたがる（そうしなければ彼らの思想に信憑性がなくなる）が、実際に下層にまみれて生きてきた文子は民衆の愚かさや汚らしさを知り抜いていた。文子は自分が社会主義者になりきれなかった理由の一つはこの「民衆不信」だったと後に明かしている。

初代も社会主義者たちを冷ややかな目で見ていた。初代は、人間の社会には期待できないから、気の合う仲間たちと一緒に、自分たちがいいと思うインディペンデントな生活を送るのが一番可能性のある生き方だと言っていた。ニヒリスト経由のアナキストである。

そういうのは単なる逃避じゃないかと言う者もあったが、文子も彼女の考えに概ね賛成だった。

が、少し違っていたのは、文子は理想を完全には捨てきれなかったところだ。

しかし、文子の理想は「世界を変える」などという遠い地平ではなく、もっと手元に近いところろ、自分自身の生において実現を目指すものだった。文子はそれを「私達自身の真の生活」と呼んでいる。

文子は、人間にはこれこそが自分の真の仕事だというものがあり得ると思っていた。それをすることによって初めて人間の生活は人間自身から乖離することなく、人間自身の存在と共にあることができる。その仕事が成就しようとしまいと関係ない。自分が自分の真の仕事だと思うことをすることが文子のいう「真の生活」なのだった。

私はそれがしたい。私がいつも欲しいと望んできたのはそれだったのだ。と文子は思った。思想が研ぎ澄まされるにつれ、自分が求めていたものの輪郭が現れ、それが現れるとともに渇きはより切実になった。

そして十九年の渇きに水を与える言葉に、**ある青年が書いた詩**に、文子はついに出会うのである。

アイルランド人は**ポエトリーと詩人**を重んじる民族だ。

十七世紀半ばにオリバー・クロムウェルがアイルランドを征服し、ゲール語での表現を弾圧するようになるまで、アイルランドの文学を伝えていたのは世襲の吟遊詩人たちだった。そんなアイルランド人にとり、蜂起においても「言葉」は非常に大きな役割を果たすべきものだった。

クリスマス休暇をアイルランドで過ごし、スコットランドのグラスゴーに戻ったマーガレット・スキニダーは、再び数学教師として働きながら、蜂起決行のサインとなるべき「言葉」を待っていた。当時のグラスゴーは、人口の約五分の二がアイルランド系であり、若い世代のアイルランド独立運動家たちは、現地に遅れを取りたくないという強い想いを抱いていた。

ときは第一次世界大戦中である。一九一六年二月になるとスコットランドでも徴兵制が敷かれたが、グラスゴーのアイルランド義勇軍のメンバーたちは、英国のために戦うことを拒み、逃亡した。ダブリン西側のキメイジには英軍から「スラッカー」と呼ばれた逃亡兵のキャンプがあり、彼らは蜂起のために軍事訓練を受けたり、兵器を作ったりしていた。

やがて、ダブリンからある報せが飛び込んできた。アイルランド市民軍の指導者、ジェームズ・コノリーが、「どちらの旗の下に?」という戯曲を書いたというのだ。ダブリンで上演されたその芝居で、主人公の青年は、最後の幕が下りる直前に英国の旗ではなくアイルランドの旗を選ぶ。この芝居の続編を書くべきだと言われたジェームズ・コノリーは、こう答えたという。

「(続きは)我々がみんなで一緒に書く」

それは、アイルランドの旗の下に英国と戦うことを決意した人々が共に独立の物語の主人公になるのだということを意味していた。マーガレットたちにとり、これはイースター蜂起決行宣言以外の何物でもなかった。

詩や演劇がアイルランド独立運動の原動力の一つになったことはよく知られているが、英国人は「ケルティック・リバイバル」と呼ばれたアイルランド文芸復興運動の政治的なインパクトを舐めてかかっていた。アイルランド文芸復興運動は、イングランドでは純粋に文化的なものとして捉えられ、多くの英国人作家や芸術家がその影響を受けた。だが、アイルランド人にとってそれは単なる文化的トレンドではなかった。アイルランドの英雄を描いたサーガや、アイルランドの解放をテーマにした詩や戯曲が、現地の人々のマインドセットにどのような影響を与えていたかということを英国側は過小評価していたとマーガレットは書いている。

「ナンセンスだ!」と偉大なるイングランドは言った。

「詩人や教育者や夢想家たちが、何世紀も彼らを支配してきた強大な帝国を敵に回し、アイルランドの人々を率いて立ち上がるわけがないではないか」。

(Margaret Skinnider, *Doing My Bit For Ireland*)

だが、徴兵逃れをするアイルランド人青年が増えるにつれて、英国はアイルランド独立派への弾圧を強めた。警察隊は、ジェームズ・コノリーが発行していた新聞「労働者たちの共和国」の発行所だったリバティ・ホールに前触れもなく乗り込んできた。誰もいない時間帯を狙って新聞を押収しに来たのだ。しかしそのとき、ホールにはコノリーとマダムことマルキエビッチ伯爵夫人、そしてあと一人か二人の関係者が残って作業をしていた。

警官が侵入してきたとき、コノリーは「捜査令状はあるのか」と聞いた。そして彼らが令状を持っていないことがわかると、毅然とした態度で警察の立ち入りを拒否した。その脇には狙撃の名手と謳われたマダムがリボルバーを構えて立ち、悪戯《いたずら》っぽく警官たちに銃口を向けていた。その顔は美しく微笑していたが、目は本気だった。警官たちはその有無を言わせぬ迫力にビビりあがって引き返して行ったのだった。

コノリーは直ちにアイルランド市民軍のメンバーたちを集め、爆弾や弾薬が隠されていたリバティ・ホールの周囲を警備させた。警官隊は令状を持って戻ってきたが、もはやホールの内部に入ることはできなかった。

警察が持ってきた令状には、大小すべての独立運動団体の名前が列記され、そのメンバーたちを逮捕すると記されていた。が、当局はどうやらシン・フェインが指導組織であると見なしているようだった。当時、多くの人々が、シン・フェインは海外のアナキストとも密接に繋がっているヤバい政治組織だと考えていたが、実のところ、彼らはケルティック・リバイバルを始めた文学界、芸術界、経済界の人々の集まりで、政治組織というよりは、文化的サロンだった。シン・フェインが目指していたものは「スピリットとしての叛逆であり、現実的な行動からは身を隠していた」とマーガレットも自伝に書いている。

蜂起決行の報せを受けたマーガレットは、マダムとの約束どおり、復活祭《イースター》の直前の聖木曜日、再びアイルランドに渡った。そしてアイルランドに到着した日からベルファストのコノリーの自宅に行ってコノリー夫人や子どもたちをダブリンに連れて来たり、ダブリンの街を回って、ダイナマイトや爆弾の隠し場所からそれらをリバティ・ホールに運んだりして忙しく動き回った。

そしてイースターの週の土曜日、まだ蜂起が始まりもしないうちから、最初の敗北の報せが飛び込んできた。

武器や弾薬を大量に積んでダブリンに到着するはずだった船が、英海軍に発見され、ライフル二万丁、大量の弾薬、マシンガンなどを積んだまま自沈してしまったのだ。

この事態に誰よりも大きな衝撃を受けたのがアイルランド義勇軍のトップで最高指揮官のオーエン・マクニールだった。彼は軍事会議ではまったくそれらしい素振りを見せなかったのに、土壇場で勝手に自らの組織に軍事行動中止命令を出した。

イースターの日曜日の朝、教会から出てきたマーガレットは、「本日、義勇軍の演習は中止」という貼り紙が至るところに貼られているのを見かけた。彼女は言葉を失った。本日の義勇軍の「演習」は単なる軍事訓練とは意味が違ったはずだ。今日、ダブリンで革命が起こるはずではなかったのか。コノリー率いる市民軍と違い、マクニールの義勇軍は国内各地や、スコットランドにまで支部を持つ大規模な組織で、蜂起に参加する予定だった兵士たちの三分の二を構成していた。だが、新聞にもマクニールの署名入りで義勇軍のメンバーたちに「演習中止」を呼びかける文書が掲載されていて、それは事実上の蜂起のキャンセルを意味していた。

マーガレットは、クリスマス休暇にダブリンに滞在したとき、マダムが「義勇軍にはもう一人リーダーが必要です」と繰り返し言っていたのを思い出した。マクニールは平時の組織運営には手腕を発揮するが、危機に弱いというか、わりとヘタレな一面があるとマダムは心配していたのだ。マダムはマクニールのことは人間としては気に入っていたが、反乱軍の最高指揮官に相応《ふさわ》しい人物ではないと見抜いていたのである。

マダムの直感は当たった。マクニールは新聞に「演習中止」の告知を出すと、すぐにダブリン郊外の自宅に帰り、蜂起が終わるまで引きこもっていたが、結局そこで逮捕されて投獄されている。

こうしてマクニールが土壇場で変心したため、蜂起軍の兵士の数は半減する結果になってしまったのだった。もしも義勇軍が当初の計画通りに日曜日に行動を起こしていれば、英軍の兵器庫を襲って銃や弾薬は十分に手に入れられたはずだった。マクニールが勝手に革命をキャンセルしようとしたことを知ったマダムは「私が彼を撃ち殺す」と息巻いたが、「そんなことはさせない」とコノリーに抑えられた。

コノリーは冷静に事態を受け止め、マクニールの「演習中止」は蜂起中止を意味するわけではないこと、市民軍は予定通りに蜂起を決行することを郊外にまで伝えて回れば、義勇軍のメンバーでも参加してくる者たちはいるはずだと主張した。コノリーの妻、ノーラをはじめとするメッセンジャーたちは、蜂起軍本部からの報せを伝えるためにダブリン中を歩き回った。だが義勇軍には上からの命令に忠実なメンバーが多く、トップの決断に背くことには抵抗を感じる兵士が多かった。

しかし、コノリーたちは諦めなかった。蜂起が決行される予定だった日曜日の午後四時にはリバティ・ホール前に市民軍のメンバーたちを招集してマーチを行った。夜が更けると、イングランドやスコットランドから徴兵逃れをしてキメイジに集まっていた青年たちが、ダブリンの市街地に移動してリバティ・ホールの市民軍に合流した。約二百人の女性で結成された女性連盟(Cumann na mBan)もダブリン入りした。

マーガレットは自転車でダブリン市内に送り出され、英軍の部隊が動き始めているかどうか見て回った。

市内の様子をコノリーに知らせに行ったとき、マーガレットは初めて伝説の蜂起軍リーダー、パトリック・ピアースの姿を見た。

一九〇八年にアイリッシュ・ゲール語と英語の両方で教えるセント・エンダズスクールを創立したピアースは、教育者として、そしてアイルランド独立主義者として多くの人々の尊敬を集めるカリスマ的人物だった。彼は、いきなり蜂起をドタキャンしようとしたマクニールに代わって義勇軍の最高指揮官に任命され、アイルランド共和国暫定政府の大統領に就任し、コノリーが副大統領になった。二人が事実上の蜂起軍の最高責任者になったのである。

ピアースは六フィート(約百八十二センチメートル)を超す長身だったが、長年の執筆作業の影響なのか少し猫背気味だった。革命前夜にしては、やけにクールで静かな物腰だったが、瞳には熱い意志が宿っていた。彼の傍らには、詩人、戯曲家として文壇に名を馳せ、W・B・イェイツの詩にも何度か登場しているトマス・マクドナーが、アイルランドを象徴する色、グリーンの軍服を着て立っていた。マーガレットは彼のことをよく覚えていた。彼はマーガレットの狙撃の腕を見込み、クリスマスに高価なリボルバーを一丁プレゼントしてくれたことがあったからだ。

役者は揃った。

教育者や作家や夢想家たちに何ができるだろうと英国側は高を括っていたが、まさに教育者や詩人やマルキシストたちがほんとうに地べたの人々を率いて大英帝国に反乱するという大それたことを始めようとしていたのである。

イースター休暇中のダブリンは不気味に静まり返っていた。百年後までアイルランドの人々が誇りをもって語る戦いが明日はじまることを、この街はまだ知らない。

灰色の市街地に続々と集まってきた反逆の士たちは、息を殺して、最初の一撃をくらわす瞬間を待っていた。ありふれた路上にひっそりと眠る、**獰猛な犬たち**のように。

犬ころ

私は犬ころである

空を見てほえる
月を見てほえる
しがない私は犬ころである
位の高い両班の股から
熱いものがこぼれ落ちて
私の体を濡らせば
私は彼の足に
勢いよく熱い小便を垂れる

私は犬ころである

（朴烈《パクヨル》「犬ころ」イ・ジュンイク監督『金子文子と朴烈』より[4]）

この詩を読んだとき、文子は「ある力強い感動が私の全生命を高くあげていた」と感じた。感動が彼女の生命を「貫いていた」のでも、「揺さぶった」のでもない。「高くあげていた」のだ。

これは奇妙な表現だ。そもそも感動が全生命をどうこうするというのがまず感傷的で大袈裟だが、しかしまあ若い頃は脳内ホルモンが唐突に逆流するものなので、「気分があがる」とか「アゲアゲ」とかいう表現は現代でも使われている。文子も、詩を読んであがった、つまり高揚したんだろう。ということもできる。

が、ちょっとそれとは違うような気もする。文子は、この詩を読んだときの感動が、文字通り自分の存在自体を高い位置に上げた感覚に陥ったのではなかろうか。言葉を読んだときの感動と、高低のコンセプトがなぜ結びつくのかは面白いところだ。しかも、文子はこの時点ですでに「上がること」即ち階級上昇には何の意味もないと悟り、自分が共感する場所、生涯の立ち位置とする場所は「下側」だと決めていたのだ。

それに、この詩じたいが、支配階級が小便垂れかけてきたら垂れ返すぞと言っているような、地べた感満載の「下層のうた」だ。ストリート系の貧乏なパンクバンドが歌っていてもおかしくない。

なのに、なぜ文子は、「高くあげていた」という表現を使ったのだろう。

十三歳で朝鮮で自殺しようとしたときから、文子には自分の実存を時々体で感じていたようなところがあった。鶴見俊輔はこの文子の不思議な特性を「直観」という哲学的な言葉で表現しているが(『思想をつむぐ人たち』)、ふつうは机上で書物に埋もれて思索して思い当たることを、彼女は瞬時に、ほとんど肉体的に感じ取ってしまうのだ。

文子は、朴烈の詩を読んだときにも「直観」したのだろう。私が私自身のほんとうの仕事をするために、私が私自身を生きるために、この詩を書いた人間が私には要る。文子にとって、全生命を高くあげることは、自らの実存を研ぎ澄ますことと同義だった。

「これ誰? 朴烈てのは?」

文子は彼の詩を見せてくれた友人の鄭《チョン》に聞いた。

「その人ですか。その人は僕の友達ですがね、しかしまだあまり知られてない、プーアな男ですよ」

鄭はそう答えた。彼が発行しようとしている雑誌の校正刷にその詩があったのだが、鄭はこの詩と作者をあまり評価していなかった。しかし文子が尋常でない感銘を受けているので、鄭は言った。

「この詩のどこがいいですか」

「どこがってこたあない。全体がいい。いいと言うんじゃない、ただ力強いんです。私は今、長い間自分の探していたものをこの詩の中に見出したような気がします」

もう文子はこの作者に会わねばならなかった。

そしてある晩。文子が鄭の部屋に遊びに行くと、見知らぬ青年が火鉢を囲んで何やら鄭と話し込んでいた。青い職工服を着て茶色いコートを羽織り、真っ黒な髪は肩まで伸びていた。ガリガリに痩せて、コートのボタンは落ちそうにぶらぶらしているし、袖口は擦り切れ、肘のあたりに穴も開いている。見るからに貧乏くさくて寂しげな風情の男だ。だのに、なぜかその見すぼらしさに逆行するようなふてぶてしい風格があった。

彼が帰った後で、鄭にあれが朴烈君ですよと聞かされた文子は顔を赤らめてパニックする。好みだったのだろう。聞けば朴は人力車夫や立ちん坊、人夫などの仕事をしていたが現在は失業中で、友人の家を泊まり歩いているという。

「それじゃあの人、まるで宿なし犬見たようね、それでいてどうしてあんなにどっしりしているのだろう？　まるで王者のような態度だわ」

もう完全に惚れていた。

ここからの文子は剛速で直進する矢のようだ。翌日の朝早くにまた鄭を訪ね、朴とつきあいたいから、自分が働いているおでん屋に彼をよこせと掛け合った。だが、十日経てど、二十日経てど朴は来ない。一か月が過ぎた頃、朴がふらりとやって来た。文子は大喜びで隅のテーブルに座らせて、朴に食事をふるまう。そしてちょうど自分も学校に行く時間になっていたので、朴と一緒に店を出て、翌日もおでん屋にご飯を食べに来るように誘う。

翌日の昼ごろ、朴はまたやってきた。文子は話があるから夕方に外で会おうと話を持ちかけて彼と待ち合わせし、神保町の中華料理屋の三階に連れて行く。

朴はかなり空腹の様子で食事を平らげていたが、文子は食が進まなかった。これから一世一代の仕事をすると決めていたからである。大正時代のみならず、現代だってそうであるが、女は男に求められてなんぼ、みたいな「選ばれ信仰」がある。だから花のように可憐に微笑んだり、いじらしく泣いてみせたりして、男のほうから「好きだ」と言わせようと画策するのが、言ってみれば婉曲的に女が男を口説くということだ。

だが、絶対の自然児、文子はそうした世間的慣習の鋳型から完全に外れていた。欲しいものは欲しい。要るものは要るのである。面倒な駆け引きはいらない。私はまっすぐこの男に手を伸ばす。

「私は単刀直入に言いますが、あなたはもう配偶者がお有りですか、または、なくても誰か……そう、恋人とでもいったようなものがお有りでしょうか……もしお有りでしたら、私はあなたに、ただ同志としてでも交際していただきたいんですが……どうでしょう」

いきなりのプロポーズである。これは中華料理をもりもり食べていた朴も驚いただろう。だが、朴もまたこれを受け止める度量のある男だった。

「僕は独りものです」

やった。と跳び上がってガッツポーズを取りたかったに違いないが、文子はきりっと先に進む。

彼女は単に異性としての朴を求めていたからではないからだ。

「そこで……私日本人です。しかし、朝鮮人に対して別に偏見なんかもっていないつもりですがそれでもあなたは私に反感をおもちでしょうか」

文子が尋ねると朴は答えた。

「僕が反感をもっているのは日本の権力階級です、一般民衆でありません」

文子はさらに核心に進んだ。

「もう一つ伺いたいですが、あなたは民族運動者でしょうか……私は実は、朝鮮に永らくいたことがあるので、民族運動をやっている人々の気持ちはどうやら解《わか》るような気もしますが、何といっても私は朝鮮人でありませんから、朝鮮人のように日本に圧迫されたことがないので、そうした人たちと一緒に朝鮮の独立運動をする気にもなれないんです。ですから、あなたがもし、独立運動者でしたら、残念ですが、私はあなたと一緒になることができないんです」

朝鮮で、自らも祖母や叔母から二級市民として奴隷扱いされ、日本人コミュニティの人間たちより朝鮮人たちのほうが自分に近いと思った文子、三・一運動で勝手に「独立万歳」を叫ぶ朝鮮人たちを見てあれほど恍惚とした文子が、こういうことを言っているのだ。どんなに共感できても、すっかり彼らの一人になったようなつもりになって独立運動に参加することは自分にはできないと文子は確信していた。なぜなら、それは嘘であり、私が私自身を生きることではないからだ。

しかも、文子は、革命は一つの権力を別の権力によって置き換えることに過ぎないと考えていたので、民族運動もまた抑圧者を倒して別の抑圧者をつくるだけだと知っていた。三・一運動に痺れるように感動したときから、文子の思想も先に進んでいたのである。

「朝鮮の民族運動者には同情すべき点があります。で、僕もかつては民族運動に加わろうとしたことがあります。けれど、今はそうではありません」

と朴は答えた。

「では、あなたは民族運動に全然反対なさるんですか」

「いいえ決して、しかし僕には僕の思想があります。仕事があります。僕は民族運動の戦線に立つことはできません」

この言葉で「すべての障碍《しょうがい》が取り除かれた」と文子は自伝に書き残している。何の障碍なのか。ともに闘うための障碍である。あなたは好みです。性的に惹かれるし、一つの布団で眠りたい。けれどもそれだけでは私にはダメなんです。と文子は明確に言っているのだ。

文子は、のちに獄中でこんなことを手紙に書いている。

妾《わたし》はセックスに関しては、至極だらしのない考えしか持っていない。性的直接行動に関しては無条件なのだ。だがそれと同時に妾が一個の人間として起《た》つ時、即ち反抗者として起つ時、性に関する諸諸のこと、男なる資格に於て活きている動物——そうしたものは妾の前に、一足の破れ草履《ぞうり》程の価値をも持っていないことを宣言する。
（「金子文子書簡」（宛先不明、年月日不明）、山田昭次『金子文子』）

一足の破れ草履同然と言われる男たちも哀れだが、文子は十六歳で朝鮮から戻ってきて以来、複数の男たちと性的関係を持ってきた。だから一人の男性に運命的なものを感じたとはいっても、それは若い娘が恋に恋するようなセンチメントではなかった。

「私はあなたのうちに私の求めているものを見出しているんです。あなたと一緒に仕事ができたらと思います」と文子は言った。

これは重い。ふつうこんなことを言われたら男は逃げ出す。だが朴は受けて立った。自分のほうを向いて抱擁してくれる女ではなく、がっつり肩を並べてあなたの脇に私も起つという女が伸ばした手を取った。

「僕はつまらんものです。僕はただ、死にきれずに生きているようなものです」

朴は岩のようにひんやりとした、しかし厚みのある声で言った。

私たちは同類だと文子は思った。

死にきれなかった犬が二匹。我ら、犬ころズ。相手に不足はない。

こうして二人のアナキストの、短い、命をかけた**闘争の道行き**がはじまったのである。

テロルの道行きを男と辿る女もいれば、たった一人で歩く女もいる。

エミリー・デイヴィソンが国勢調査への参加を拒否して国会議事堂で一夜を明かした一九一一年は、ＷＳＰＵ（女性社会政治同盟）幹部とエミリーの亀裂が明らかになった年でもあった。同年の十二月、エミリーは郵便ポスト放火という新たな作戦を始めて逮捕され、ＷＳＰＵの創立者エメリン・パンクハーストの次女シルヴィアから、この行為はエミリーの個人的判断によってなされたものであるとして、ＷＳＰＵとの関連性を否定されてしまうのだ。

放火行為じたいは、パラフィンに浸した布に火をつけて郵便ポストの投函口から突っ込むというものだった。ロンドン市内でこの放火行為を行ったとき、エミリーは火をつけた布をポストの投函口に入れた後、顔色一つ変えずに近くのカフェに入りランチを食べていたそうで、舗道のポストからはもうもうと黒い煙が上がっていたという。

まだ携帯電話だのメールだのがなかった時代である。人々の主要伝達手段だった郵便システムの撹乱が社会に与える心理的な効果は大きかった。

すぐに全国各地でサフラジェットたちがエミリーを真似て放火を始めた。それは郵便ポストに

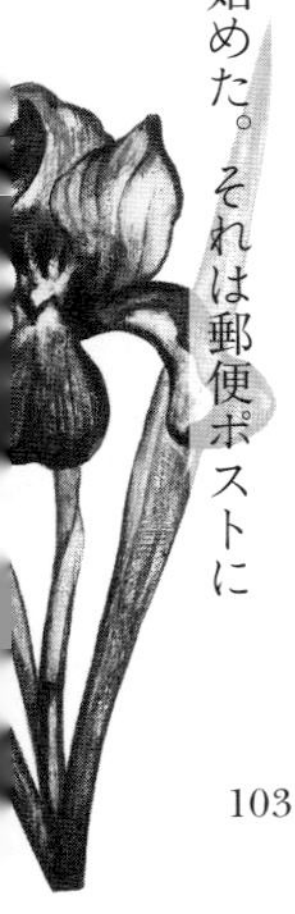

とどまらず、歴史的建造物や政治家の別荘、教会など、人が住んでいない不動産であればガンガン狙えとばかりに広がっていく。シルヴィア・パンクハーストはこう書いている。

過剰なほど女らしい外見の若い女性たちがロンドンを歩き回り、公共の、予想もしないような場所で武闘派の女性たちと落ち合い、危険な探検のための手はずを整えていました。そのほとんどが非常に若い年齢の女性たちで、重いガソリンやパラフィンのケースを運びながら、見知らぬ土地のいたるところで、夜を徹してせっせと働いていたのです。

(E. Sylvia Pankhurst, *The Suffragette Movement: An Intimate Account of Persons and Ideals*)

こうした若い女性たちのインスピレーションになっていたのがエミリーだった。が、WSPUの幹部たちは、上からの指令もなしに勝手に動き、過激さを増していくエミリーの行動に不快感を抱くようになっていた。暴力的な抗議活動は末端の女性たちにとっては不平等と抑圧に対するフラストレーションの捌《は》け口《ぐち》だったが、組織幹部たちにとってはあくまでもメディアの注目を集め、世間に女性参政権運動を周知するためのプロパガンダ戦略だった。幹部たちは末端の女性たちの怒りと不満が暴走してコントロールできなくなることを怖れていた。だからエミリーが若いサフラジェットたちに与えていた影響力が幹部たちを不安にさせたのである。

エミリーのほうでも、もはやWSPUが定めた厳格なガイドラインでは生ぬるく感じていた。

もともと一匹狼だったエミリーだったが、幹部たちが好む上意下達な運営のやり方がだんだん窮屈に感じられ、こんなことでは目的は達成できないのではと思うようになってきた。

世間は「暴れる女たち」を怖れていた。とくにエスタブリッシュメントたちは、歴史上見たこともない女性たちの反逆が大英帝国の存続を脅かすのではと真剣に懸念していた。警察当局は、サフラジェットたちを常に監視し、彼女たちの身元割り出しのために最先端の撮影技術を使った。英国で望遠レンズを用いて監視された最初のテロ組織は、サフラジェットだったのである。

今日の人々の多くがサフラジェットのミリタンシーをテロリズムと呼ぶだろうし、エミリーや仲間たちも、爆弾や放火などの作戦を自らテロと呼んでいた。しかし、どれほど世間を震撼させようと、人々の反感を買い、憎悪されるばかりで、運動が少しも前進しないことをエミリーは冷静に認識するようになっていた。

「マッド・エミリー」でいるだけではダメなのだ。女性の権利を勝ち取るには、何かもっと本質的な、究極的なやり方で人々に訴えなければならない。

WSPUから関係を否定されたことで堰が切れたように、エミリーは一九一二年の年頭からミリタンシーを連続して行った。そして二月には七度目のお勤めを果たすためホロウェイ刑務所に入る。

最初の三週間、彼女は刑務所内で唯一のサフラジェットだった。そして集中的に強制摂食をさせられた。ふつう強制摂食はハンガーストライキをするサフラジェットに行われるものなので、エミリーは、またあの苦しみを味わいたくないと思っていた。だから何とか刑務所で出される食事を取ろうとするのだが、肉体的にも精神的にも弱り切っていて食欲がなく、どうしても食べることができなかった。エミリーは後に手記の中で「この時期、八日間に十五回強制摂食させられた」と明かしている。

六月になる頃には、エミリーは刑務所に入ってきたサフラジェットたちと共にハンガーストライキを行っていた。仲間たちとの共闘のスピリットを示すために、そうせずにはいられなかったのである。強制摂食中にわざと医師の手の上に吐いてやったり、チューブで窒息しそうになったふりをして医師を慌てさせたりして反抗的な態度を取っていたが、エミリーの体はボロボロに衰弱していた。

連続レイプとも言えるようなむごたらしい強制摂食と、孤独な監獄生活の中で、サフラジェットたちはみな肉体だけでなく精神的にも追い詰められ、うつ病になったり、その他のメンタルヘルス上の疾患にかかる危機にさらされていた。強制摂食の痛みに泣きわめき、徐々に精神的に壊れていく仲間たちの声を聞きながら、エミリーはよほどのことが起きない限りこの状況は変えられないという確信を抱くようになる。これまでとは違う何かをしなければ、仲間たちを苦しめているこの拷問は終わらない。

ある土曜の朝、いつものように強制摂食させられてベッドの上に投げ捨てられたエミリーは、ぐったりと天井を見上げていた。怒りで全身がかっと燃えるようになり、猛然と立ち上がって独房のガラス窓を打ち割ったが、またふらふらとベッドに倒れ込んだ。
しばらく体を休めると、エミリーは再び起き上がり、いきなり廊下に飛び出てぎゅっと階段の手すりを摑み、その上によじ登って下方に飛び降りた。

私の頭に浮かんだのは「一つの大きな悲劇が他の人々の命を救うかもしれない」という考えだった。けれども安全網があったせいで大きな怪我はしなかった。

(John Sleight, *One-way Ticket to Epsom*)

だが、ここがエミリーのしつこさというかしぶとさというか彼女はそこで諦めなかった。笛を吹きながら恐怖心を露わにして走ってきた女性看守たちが彼女を安全網から助け起こし、独房に戻そうとするが、エミリーは言うことを聞かない。そして刑務所の女性監督者が囚人訪問のために入ってきて看守たちが気を取られている隙に、すっと階段を上り、またもや最上段から飛び降りるのだ。今度は網ではなく、十メートルほど下の鉄の階段の一部を目指して落ちた。しかし、やはりワイヤーでできた網の一部に引っかかってしまう。
再び女性看守が走ってきて、同僚たちを大声で呼んだ。いまが最後のチャンスだ、とエミリーは直感した。そして渾身の力を込めて、安全網の上で体をずらし、今度は頭から真っ逆さまに下に向かって落ちた。三メートルほど落下して頭を強打したエミリーは、気を失い、意識が戻ったときにはこの世のものとも思えぬ痛みに襲われ、体を動かすことができなかった。頭部二か所、頸椎、脊椎下部、右の肩甲骨、仙骨を負傷し、腕や背中を何か所も打撲していた。もうさすがに立ち上がって飛び降りることはできない。

どうしてそんなに死に物狂いで死にたがるのか。必死で死のうとしたというのはおかしな表現だが、このときのエミリーの死への不屈のチャレンジは、一種のファイティング・スピリットさえ感じさせる。

エミリーは精神的に壊れかけて死にとり憑かれていたという説もある。他方では、エミリーはワイヤーでできた安全網の存在をちゃんとわかっていて、センセーショナルに自殺未遂を演じて見せたのだという説もある。実際、英国で最も語られてきたサフラジェットと言ってもいいエミリー・デイヴィソンと死の問題については、いまでも意見が真っ二つに分かれているのだ。

彼女には死ぬ気があったのか、なかったのか、ということである。

本人しか知らないことではあるが、おそらくエミリーには、なんとかして状況を突破することが生きることのすべてになっていたのではないだろうか。彼女は、オックスフォードで学び優秀な成績をおさめたにもかかわらず女性であるために卒業学位が認められなかった。五年間も体を張り、世間の人々から悪魔扱いされて闘ってきたのに女性参政権運動に進展は見られない。ただ罪人として収監されて拷問のような強制摂食をさせられ、体も心も極限まで痛めつけられるだけだ。どんなに求めても、どんなに叫んでも、女はいつまでも二級市民でしかあり得ない。

誰かがここを突破しなければいけない。

突破した先にしか私が求める生はない。

突破さえできれば、その向こう側に広がっている新世界に自分がいるかどうかはエミリーにはもうどうでもよかったのではないか。たとえ自分がそこにいなくとも、そこには別の女たちがいて、いまとは違う人生を生きているからだ。

出所した後、エミリーはこのときの体験について執筆し、原稿をザ・サフラジェット紙に送ったが、彼女が亡くなるまでそれが掲載されることはなかった。エメリン・パンクハーストと彼女の娘たちが掲載を渋ったのだろう。彼女たちは、不必要なまでに過激な抵抗の記録を他のサフラジェットたちに読ませたくなかったのである。パンクハースト親子は、エミリーの死後は彼女を殉教者のように祭り上げたが、生きている間は彼女を狂犬のように危険視していた。

言うなれば、エミリーは、はぐれサフラジェットだった。法のくびきからも、女性運動の組織からさえも離脱し、自律的に行動していた。この点では、彼女を単にサフラジェットと呼ぶことは不適当に思える。

エミリーは、国家にも、家庭にも、WSPUにも、自分以外の誰にも属さない自分自身の女であり、**アナキスト**だった。

アナキストとして女と男が恋愛しようとすると、どんなことになるのだろう。

何者の支配も受けず、何者にも従属せず、まったき自分自身であることは、ロマンスの最中にも可能なのだろうか。

そもそも恋愛というものは、相手を気に入り、気に入ったがゆえに相手に気に入られようとして、「ああ、こんなことをすれば喜んでくれるかも」「きっと相手は自分にこんなことを期待しているに違いない（じゃあやってあげよう）」などと言って、いま風の言葉でいえば忖度《そんたく》し合う作業を含んでいる。というか、これほど人間が自分の想像力や知力を結集して誰かを喜ばそうとする事業はほかにないのではないかと思えるほどだ。

でも、逆に相手につらく当たったり、剝《む》き出《だ》しの激情をぶつけることで燃え上がる恋愛もある、という意見もあろう。が、人間というものは、そんなときでも相手を混乱させたときの効果を本能的に狙っているものなので、これはこじれたヴァージョンの忖度というか、誰かの愛情を獲得しようとしている点では前述のストレートな忖度と変わりない。

しかし、絶対の自然児、文子は、こうした忖度のキャッチボール（色っぽい言葉では「恋の駆け引き」とも言う）をはなから放棄する形で、中華料理屋でずばりと朴烈に求愛した。さらに文子は、朴と同棲するにあたって共同生活のための三か条をストレートに彼に突き付けた。

第一は「同志として同棲すること」、第二は「私が女性であるという観念を除去すべきこと」、第三は「一方が思想的に堕落して権力者と握手することができた場合には、ただちに共同生活を解くこと」、つまり「相互は主義のためにする運動に協力する」ことだった（第四回被告人訊問調書）。

文子と朴は東京府荏原郡世田谷池尻の下駄屋の二階で同棲を始めた。この部屋で二人と一緒に住んでいたこともあるという陸洪均《ユクホンギュン》は、当時の様子をこう証言している。

「しかしだね、金子文子という人は一緒にざこ寝しても全く女を感じないたぐいの人物だよ。ぼくはあの夫婦としばらく一緒に暮したんだから実感だ。ぼくの知るかぎり、あの夫婦はおよそ夫婦らしい睦言《むつごと》なんぞなかったね。実にさっぱりあっけらかんとした仲だった。あれで一緒に寝てたかと思うね、少なくとも朴烈は大して惚れていなかったようだ。何しろ、文子さんの料理ときたら、よくもあんな不味《まず》いものがつくれると思われるほど天才的に下手くそだったよ〔略〕」

（瀬戸内寂聴『余白の春』）

これを聞いた瀬戸内寂聴（当時、晴美）が、文子に自伝の原稿を託された栗原一男によると、文子は新山初代より魅力的だったらしいわよと反論すると、陸は、文子は掃除もしないし料理も裁縫もダメでとりえがなかったと答えている。この「とりえ」とは人間としての美点ではなく、女性限定の、いわゆる女性の魅力の一部を形成すると考えられている「とりえ」のことで、恋愛という忖度ゲームを行うときに女の手持ちカードになり得るものだ。だが、文子はそのカードを放棄していた。

後に獄中で書いた、原題「あたしの宣言として」とされている宛先不明、年月日不明の手紙（某氏への通信ということになっている）（「金子文子書簡」山田昭次『金子文子』）の中で、某氏と呼ばれている男が「女性としてのあなただもの、娑婆《しゃば》にいた頃の、せめてもの思出に、娑婆にいた時の物が獄内で用いられれば、心地よい思出の一つともなろう……」と獄中へ毛布や布団の差し入れをしようとしたことに、文子は大いに憤っている。女だからと不当に見下されるのも嫌だが、女だからと特別待遇を受けるのも嫌だ。それらは同じコインの裏表であり、平等ではないということに過ぎないと考えたからだ。

妾《わたし》は人間として行為し、生活してきた筈《はず》だ。そして妾が人間であることの基礎の上に、多くの仲間との交渉も成立していた筈だ。又貴方《あなた》がたも妾を一個の人間の資格に於て見ていてくれる筈だ。そしてそう見ることによってばかり初めて真の同志ではなかろうか。即ち平等観の上に立った結束ばかりが真に自由な、人格的な結束ではあるまいか。（同前）

文子がここまで平等に拘《こだわ》るのは、人と人との関係はすぐに隷属関係になってしまうということを知っていたからであり、それは家族だろうと恋人だろうと友人だろうと、人間関係である以上はどれも同じだということを、幼い日から今日までの経験で熟知していたからだ。

相手を主人と見て仕える奴隷、相手を奴隷として哀れむ主人、その二つながらを、ともに私は排斥する。（同前）

主人がいないと生きていけずに何度も隷属先を変え、再婚を繰り返しながら年を取った母親。美しくさばけた女だった叔母もいつしか不倫相手だった義兄の奴隷となり、父親に殴られながら勉強していた弟も彼の奴隷であることに何の疑問も感じていなかった。こうした家族の姿にうんざりしていた文子は、人間が一緒に暮らすのはヤバいことだと知っていた。だからこそ自分は誰にも仕えないし、気に入られるための忖度もしないよと宣言しているのだ。

主人に言われたら、求められたらやっちゃうよね。下の立場ではしょうがない、いつだって末端は哀れな被害者なんだから、ではいつまでたっても隷属は終わらない。忖度は犯罪ではないが隷属制度の強化に与《くみ》している。

求められてもするな。期待をかけられたらあっさり裏切れ。隷属の鎖を真に断ち切ることができるのは主人ではない。当の奴隷だけだ。

不平等はけしからんとか差別はいかんとか言っているわりには、家庭に運動は持ち込みたくないとか言って平気でパートナーや妻に「女のとりえ」を求める男性はいまでも多い。が、文子は現実の生活や人となりに現れる思想しか信じなかった。運動は運動。家庭は家庭。などという机上の理想と地べたの切り分けをするからいつまでたっても社会は変わらない。隷属のシステムは足元の家庭からはじまっているのだ。

文子は朴と自分の関係について獄中でこう書き残している。

成程《なるほど》P〔朴烈〕と妾との間は、同志としての意〔以〕外の交渉もあった。だがそれは外のことではない。

今の妾——今の立場に於ける妾はPの同志でありPは妾の同志であった。（同前）

私たちはセックスするし、男女の仲だけれどもそっちが先に来ることはなかった。あくまで同志であり、我々のロマンスには隷属関係はなかった、と文子は主張しているのだろう。

では、一方の朴はどのような気持ちで文子が突きつけた同棲三か条を受け入れたのだろう。家庭（地べた）と理想（机上）を切り分けることを良しとしない女など男にしてみればふつうは面倒くさいに違いない。むかしの仲間の一人が、たいして文子に惚れていなかった印象を受けたという朴烈は、文子の自伝にも「余り自己を語らない男」「彼の語ったのは断片的なことばかり」と書かれており、恋する男というよりも、ぶっきらぼうなタイプだったように読める。

朴は一九〇二年に朝鮮慶尚北道聞慶郡で生まれた。朴家はもともと両班《ヤンバン》(官僚階層)の身分の高い家柄だったが、朴烈の世代には没落し、小作経営の農家になった。それでも朴が小さいときには家庭はまだ裕福だったので、朴は七歳から九歳まで書堂(寺子屋)で学び、十歳で公立普通小学校に転校、その後、官立京城高等普通学校(四年制中学校)師範科に官費入学している。官費入学は選抜された者にだけ許されているので優秀な学生だったのだろう。

だが、中学校での教育に朴は様々な疑問を抱くようになる。まず、教育による愚民化政策だ。朴が通っていた学校の教育レベルは日本人中学校よりずっと低く、英語の授業は禁じられていた。英語の講義録を読むことさえ許されていなかった。また、主な学科は日本語で、日本と朝鮮は同じ国であるから、日本の天皇を敬えよと教えられた。朴は差別的な教育の目的と、その裏にある政策との巧妙なリンクが理解できるようになるにつれ、日本による朝鮮支配を憎悪するようになり、朝鮮民族は独立すべきだと強く思うようになった。この学校では、日本人教師から幸徳秋水の話を聞いて感銘を受けたこともあったようだ。

そして彼が同校在学中に、三・一運動が起きた。朴も仲間たちとこの運動に参加し、檄文を書いたりして配って回った。彼は逮捕されなかったが、多くの仲間が日本の官憲に逮捕されて過酷な拷問を受けた。朴は、後に訊問調書で、友人から聞かされた話として「三月一日ノ騒動事件ノ際引張ラレタ友人カラ、警察デハ嫌疑者ヲ逆サ吊シ鼻ニ蒸気ヲ通シ舌ヲ切リ電気ヲ通シ……」と拷問の陰惨さを陳述している(北村巖『大逆罪』)(5)。

運動参加者への弾圧と捜査は厳しくなる一方だったので、植民地に留まっていても身動きできず独立運動はもうできないし、いっそ日本に渡ったほうがいいのではないかと朴は考えるようになる。そしてこの年の十月、学校を中退し、玄界灘を渡って日本にやってくるのだ。奇しくも、文子が朝鮮から日本に返されたのと同じ年だ。

しかし朝鮮を出た頃の朴は、もはや単なる民族独立主義者ではなかったようだ。「人間は人種と人種との間は元より、同人種の人間と人間との間にも絶対自由平等で在《あ》らねば為《な》らぬ」という社会主義的思想を抱いていた(山田昭次『金子文子』)。が、ロシアの姿を見て社会主義と共産主義に幻滅し、求めていたものを無政府主義に見出した。そして最終的に虚無主義に惹かれるようになった理由を、日本の社会運動の内部にあった醜さだったと率直に言っている。

「同志を裏切り変節することは屢々《しばしば》であった。之れ等《こら》の運動者は多くの場合、ヴルヂュア(ブルジョア)生活を攻撃する裏面に於《お》い て驕奢《きょうしゃ》なる生活を為し、理論に走って自己の主張を自己の生活に実現しようとせぬ」(同前)

文子が女性運動者に自分の着物を勝手に質流しにされたときに感じたのと同じ幻滅感を、朴も東京で味わいながら生きていたのである。地べたと机上を分離するな、という文子の信念は朴の信念でもあったのだ。

であれば、二人の関係も、二人の思想とはまったく関係のないものとして存在してはならないものであった。隷属なきロマンス。それはある意味、睦言をべたべたと散りばめた甘い恋よりもよっぽどロマンティックな、高き、高き理想である。

「実にさっぱりあっけらかんとした」関係に見えた文子と朴は、性的なロマンスではなく、**思想のロマン**で、頭と心のより深いところで繋がろうとしていた。

高く掲げる**ロマンティックな思想**は、現実にはならない。

だが、時々歴史のなかには命がけでそれにトライする無謀な人たちが出て来る。まさにそれが、一九一六年のイースター蜂起だったのである。

蜂起に参加した人々が抱いていた思想とは、アイルランド民族が不当に奪われた主権を取り戻し、いまとは違うオルタナティヴな社会を築く権利を勝ち取るということだった。イースター蜂起の首謀者たちが目指していたものは、単なる民族独立ではなかった。彼らは、英国統治下のアイルランドとは違う、平等でプログレッシヴな社会を実現することを希望していた。

イースター蜂起初日、蜂起軍はダブリン市内中心部の中央郵便局を占拠し、司令本部に定めた。歴史ある建造物である同郵便局の屋根には、グリーン、白、オレンジの三色のアイルランド国旗と、「アイルランド共和国」というロゴが入った緑色の旗が掲げられた。そして共和国臨時政府大統領のパトリック・ピアースが、郵便局の外に出て、かの有名な共和国宣言を読み上げる。

アイルランド共和国臨時政府より、アイルランド人民に告ぐ

アイルランドの男女諸君、神の名において、また、我々が彼らから古い民族的伝統を継承している過去の人達の名において、アイルランドは我々を通じてその旗の下に子孫を招集し、その自由の為に戦うものである。

（在日アイルランド大使館公式サイト「The 1916 Proclamation in Japanese」）

という文句で始まるこの宣言は、機会均等と平等の概念において、時代を先駆けるものであったと言われている。

共和国は全ての人々に対し、宗教的および市民的自由、平等な権利と機会均等を保証する。〔略〕過去に民族の少数派を多数派から分離させた、外国政府によって入念に培われた対立を忘れ、この国の子供達を平等に育みながら、そのことは追求されるだろう。

我々の力によって、全ての青〔成〕年男女による投票で選ばれた、アイルランドの全人民を代表する恒久的な民族政府を樹立する時がもたらされるまで、ここに構成された臨時政府が、人民に委託されて共和国の行政と軍事を担当するであろう。

（前掲サイト）

英国でサフラジェットたちが女性参政権を求めて闘っていた時代に、アイルランド共和国臨時政府は全ての成人男女の参政権を約束していたのである。そして同じ民族でありながら、英国政府によって巧妙に分断統治されてきた歴史を乗り越えるとも宣言している。これは、現在またEU離脱の問題で浮上している北アイルランドの国境問題を考えると実にディープなものがある。

蜂起軍は、「少数対圧倒的多数」の市街戦の戦略を入念に練っていた。ジェイコブズ・ビスケット工場、ボーランド・ベーカリー工場、ハーコート・ストリート駅、フォー・コーツ（アイルランド最高法廷）などの占拠すべき地点が注意深く選ばれ、少ない兵士の数でも英軍の攻撃に対抗できるよう計画が立てられた。

例えば、駅を占拠すれば英軍がダブリンに集結するときに攻撃できる。蜂起軍はダブリンを孤立させる作戦を考案し、電信線や電話線は前もって切断しておくことになっていた。しかし、ここでもオーエン・マクニールのいきなりの蜂起中止令のせいで義勇軍の兵士の数が三分の一になってしまったため、完全に作戦を実行することは不可能だった。この仕事はあらかじめ義勇軍の担当になっていて、然るべき訓練を受けて準備を行っていたのは義勇軍の兵士たちだけだったからだ。

マダムことマルキエビッチ伯爵夫人とマーガレット・スキニダーは、アイルランド市民軍のマイケル・マリン率いる約百名の分隊に加わって市の中心地にある公園、セント・スティーブンズ・グリーンを占拠するグループに配置された。彼らはそこで塹壕を掘り、公園を横切る車やトラックを強制的に止めてそれらを奪い、車両でバリケードを築いた。

マーガレットに与えられた仕事はメッセンジャーだった。セント・スティーブンズ・グリーンと司令本部である中央郵便局の間を自転車で行き来して互いの情報を伝え合うのだ。最初に中央郵便局に送られたとき、マーガレットはピアースが共和国宣言を読み上げている姿を見た。しかし、英軍の部隊が到着したため、ピアースらは建物の中に戻り、集まった聴衆も散って行った。建物の中から銃撃を始めた蜂起軍に馬上の英国兵士たちが撃たれてばたばたと落ちる姿をマーガレットは見た。その後も自転車で彼らの遺体のそばを何度も通ったが、人間よりも馬が倒れて死んでいるのが哀れで、その目を直視することができなかったと書き残している。

セント・スティーブンズ・グリーンに配置された女性たちは、負傷した兵士たちに応急処置を施す場所を設け、そこで忙しく立ち働いていた。イースター蜂起には多くの女性たちが参加していたが、彼女たちに与えられたのは負傷者の応急手当をする役目だった。紳士的な指揮官たちは女性に危険な戦闘はさせられないと考えていたのである。

だが、マダムは違った。グリーンのアイルランドの軍服を着て羽のついた黒い帽子を被ったマダムは、セント・スティーブンズ・グリーンの部隊の副司令官だった。彼女は市民軍の指導者のひとりであり、義勇軍の上官代理の役割も兼務していた。

中央郵便局から自転車で戻って来ていたとき、マーガレットは、セント・スティーブンズ・グリーンから走り出て来たマダムと一人の兵士がストリートを行進してくる英軍の小隊を銃撃し、うち二人を射殺する現場を見た。英軍兵たちは応戦するどころか散り散りになって逃げて行ったという。彼らもまさか女が涼しい顔をして撃ってくるとは思ってなかったのだろう。

マダムはこの日の朝、市民軍のショーン・コノリー率いる分遣隊に加わって、ダブリン城侵入を試みていた。アイルランド共和国の旗を屋根に掲げようとしたが、駐留の英軍と撃ち合いになり、ショーン・コノリーが射殺され、蜂起軍の最初の戦死者になった(俳優としても活躍した青年であり、ジェームズ・コノリーがイースター蜂起決行の合図にした演劇「どちらの旗の下に?」で主人公を演じたのは彼だった)。

ダブリン城からセント・スティーブンズ・グリーンに戻ったマダムは、同公園の西側に位置する王立外科医学院を単独で占拠した。同公園の周囲にある主だった建物を占拠することが蜂起軍の作戦だったからだ。せっかく公園内に塹壕を掘っても、周囲の建物の屋上から英軍にマシンガンで攻撃されたら無意味なので、周囲の高い建物をすべて占拠しておくことが必要だったのだ。

しかし、少人数の蜂起軍には、初日のうちに占拠できなかった場所があった。公園を見下ろす位置にあるシェルボーン・ホテルだ。そのため、蜂起二日目の早朝四時から、英軍がホテルの屋上からマシンガンで公園を攻撃し始めた。

蜂起軍は直ちに王立外科医学院の中に避難し、マーガレットは援護の兵士たちを連れて来るために自転車で送り出された。このとき、マーガレットは初めて市街戦の恐怖を体験した。ホテルの屋上から英軍兵士がマーガレットを狙って撃ってきたのだ。弾は自転車に当たった。マーガレットは必死で自転車をこいで難を逃れ、裏道を探して援軍の兵士たちを引導し、王立外科医学院に連れて帰った。

だが、真に彼女たちを導いたのはダブリンの市民たちだった。「安全だからこっちの道を通って行きな」と教えてくれた男性たちや、「あんた、銃が落ちそうになってるよ」と民家の窓から叫んでくれた女性もいた。マーガレットは軍服を着ていなかったが、自衛のために与えられていたリボルバーが破れた上着のポケットから落ちそうになっていたのである。

市街地を自転車で走り回っていたマーガレットには、市民の心情の変化が肌でわかった。現代のようにテレビだのネットだのない時代である。市内の数か所で勃発した蜂起軍と英軍の銃撃戦など、最初の一日、二日は知らない人たちもいた。が、ニュースが広がると、最初は「治安を乱すテロリスト」と人々は蜂起軍に激怒した。しかし、貧しい層を中心に、その反感はだんだん反対側に転がり始めていた。「こんなものなのだ」と諦めて生きていた人々のソウルが、何か重要なことに目覚め始めたかのようだった。

蜂起三日目の水曜日、マーガレットは一度しかメッセンジャーとして送り出されなかった。忙しく動き回る兵士たちを見ながら彼女はじりじりしていた。

なぜ自分はただ傍観していなければいけないのか。共和国宣言は男女平等を謳っている。それなのに、なぜ女はアイルランドのために命を賭けることが許されないのか。

マダムにはそんなマーガレットの気持ちが手にとるようにわかった。だから、司令官のマイケル・マリンに掛け合い、狙撃の名手であるマーガレットを兵士として使うよう進言して承諾を取り付けた。

マダムはマーガレットのために自分と同じグリーンの軍服を作っていた。だが、いかにもマダムらしいのは、彼女の軍服よりもマーガレットの軍服のほうが上等な布地で作られていることだった。マーガレットはマダムのやさしい気持ちが嬉しかった。

マダムからもらった軍服に着替え、王立外科医学院の屋根の下側によじ登り、マーガレットは両脚を広げて垂木に跨った。与えられた任務は、銃眼からホテルの屋上にいる英軍兵士を銃撃することだった。頭上には敵の銃弾が屋根にあたる音がけたたましく響いている。

マーガレットは銃を構えて、慣れた手つきで撃ち始めた。自分の弾が命中して英兵がばたばたと倒れていくのが見えた。

私が撃つすべての弾が共和国の独立宣言だ、とマーガレットは思った。

セント・スティーブンズ・グリーンに面した二つの建物の間の銃撃戦など、歴史の中では取るに足りない小さなことだ。だが彼女にとっては、これ以上に偉大な歴史上の出来事はなかった。

貧しい小さな島国が、世界に独立を宣言している。マーガレットは、自分たちの姿がアイルランド中の人々の心に火を放っていることを知っていた。テレビの生中継などなくとも、ツイッターで確認なんかできなくとも、アイルランド中の街で、農村で、漁村で、人々のソウルにその火が燃え始めることをマーガレットは確信していた。

それは燃え広がるだろう。

やがて国中を赤い炎が包むだろう。

ダブリンにアイルランド共和国の旗が掲げられている日数が一日でも長くなればなるほど、この炎は拡大するのだ。

マーガレットは繰り返し銃を撃った。

燃やしてやる。もっと赤く、もっと熱く、もっと鮮やかに。燃やし続けてやる。

マーガレットは燃えさかる**炎の芯に向かって銃弾を**ぶっ放し続けた。

銃弾、弾丸、砲弾、爆弾。

焼けるような火炎の匂いを発散させる言葉は、革命にはつきものだ。ちなみに、「弾」という言葉には、「鉄砲のたま」のほかに、「罪をあばく、責めたてる」、「はねかえす、はずむ」という意味もある。

マーガレットは革命の火を全土に押し広げんと銃弾を撃ち続けたが、東京の朴烈はこっそり爆弾を入手しようとして、失敗し続けた。

朴はこの「弾」で何の罪をあばき、何をはね返したかったのだろう。

一九一九年秋に日本に来た朴は、一九二〇年には朝鮮人学生十五、六名と血拳団という組織を結成した。親日派朝鮮人や日本人の差別主義者たちをしばく活動をしていたが、半年ほどで解散。一九二〇年から一九二一年にかけては、三・一独立運動後に国外に逃れていた朝鮮人青年たちが、再び朝鮮に戻って日本の警察署などに爆弾攻撃をしかける事件や、親日派の新聞社社長が刺殺されるテロ事件が起きた頃だ。

こうした朝鮮での動きの中で、朴はアナキストや社会主義の朝鮮人学生、労働者で組織された義拳団に加入し、一九二一年十一月に黒濤会を組織した。会員は約三十名。このような朝鮮人の青年たちの動きは警察から厳しい監視を受け、特に朴は最も危険な人物と見なされるようになっていた。

朴が一度目の爆弾入手を企てたのはこの頃だ。杉本貞一という船員に外国から爆弾を入手するように依頼し、日本で革命を起こすために必要だと杉本に語ったという。

そして二度目は翌年の二月から三月頃。上海臨時政府の崔爀鎮《チエヒヨチン》と密会し、上海から爆弾を入手し、東京と京城で使用する計画を立てていた。ちょうど朴が文子と知り合った頃である。二人はすぐに同棲を始めるが、その直後の四月十二日、朴は英国皇太子来日の予防検束として十六日間も淀橋署に留置されている。

常に警察から監視されている運動家と同棲を始めた文子は、朝鮮人参の行商などをして彼との生活を支えた。

同年七月十日付で、文子と朴は『黒濤』を創刊した。『黒濤』の創刊号と第二号には刊行の趣旨が宣言されており、こう書かれている。

俺達に何も固定した主義は無い。人間は一定の型に箝《は》められた時、堕落し死滅するのだ。マルクスやレーニンが何とヌかそうが、クロが何と云おうが、そんなものは俺達には用は無い。俺道(達)には俺達として尊い体験が有り、云分が有り、方針が有り、又躍る熱い血が有るのだ。

（山田昭次『金子文子』）

この年の九月には、新潟県中津川朝鮮人虐殺事件の調査結果について演説するために朴はソウルに向かった。そこで三度目の爆弾入手を企てる。義烈団から爆弾を分けてもらう算段をするのだが、これまた失敗に終わる。

そして十一月には黒濤会が分裂。同会は社会主義者、無政府主義者、民族主義者などの、いわばごった煮のような団体だったが、ボルシェビキの思想に共鳴していた者たちが北星会を、そして朴らアナキストたちが黒友会を立ち上げる。大正期のアナ・ボル闘争が文子と朴の団体の中でも顕在化していたのだ。

文子と朴は十一月には黒友会の機関誌『太い鮮人』を創刊。本当は『不逞鮮人』という題にしたかったのだが、警察が許さないので「不逞」を「ふてえ(奴ら)」、つまり「太い」にしたのだった。が、『太い鮮人』では雑誌に広告を出してくれる企業や個人が見つからず、一九二三年三月発行の第三号から『現社会』と改題している。

その同じ月に文子と朴は代々木富ヶ谷の二階建ての借家に引っ越し、四月に不逞社を立ち上げた。

黒友会があったのに不逞社を設立した理由は、同志が集まれる大きな家に引っ越したので心機一転の意味もあったのかもしれないし、すでに洗練された思想をもつインテリゲンチャの集団だった黒友会に対し、もっと幅広い草の根の地べた組織を結成したいという想いもあったようだ。不逞社設立の会合で、朴は「社会運動はどうしても民衆的に遣らなければならぬ。大衆的に行わなければならぬ」と言っている（前掲書より『裁判記録』）。二十三名の同人たちは全員二十代。アナキストが中心だが仏教徒やキリスト教徒までいて、雑多な若者たちの集団だったようだ。

文子と朴の愛の巣というよりは同人たちの溜まり場だった新居には「不逞社」の表札が堂々と掲げられていた。二階の壁には漫画家の小川武が赤い大きなハートを描き、その中には墨で「反逆」と書かれていて、机上の小さな額にも何かが刺さって流血しているハートの絵がはめ込まれていたという。現代のロックのライブで観客が着ている革のジャケットか何かの背中に描かれていても不思議じゃない感じの絵柄だが、壁のふてぶてしい「反逆」の文字は通りから丸見えで、「怪しい家」と近所で噂される原因にもなった。

この頃に撮影された朴と文子の写真に、朴が当時の左翼青年の間で流行していたルパシカを着ているものがあり、量の多い髪をふさふさと盛り上がらせてサングラスのようなロイド眼鏡をかけた姿はジミ・ヘンドリックスを髣髴《ほうふつ》とさせるファンキーさだ。文子の母親はこの頃の彼女のことを、断髪で朝鮮服を着て男物の鞄をさげて歩き、まったく女のようではなかったと証言したことがあり、二人は界隈でもさぞ目立つカップルだったに違いない。

そして一九二三年の五月になると、朴は不逞社のメンバー、金重漢《キムジュンハン》に爆弾を手に入れるよう依頼する。四度目の爆弾入手の企てである。

金は朝鮮で運動者を通じて朴を知り、朴からアナキズムを学ぶために日本に来たばかりだった。朴は、自分は宇宙の存在を否定するので、その存在を滅亡させることが大自然に対する慈悲であり、従って殺人も慈悲であるというようなことを金に語り、テロリストになるよう説得したようだが、金はさすがに断る。そこで朴は上海の独立党と連絡を取り合って爆弾を入手したいので、その算段を手伝ってくれないかと金に依頼し、金もそのくらいならやってもいいと承諾する。朴は三歳年下の金に気を許していたようで、爆弾のターゲットや攻撃の機会についても無邪気にあれこれ語り合っている。

皇太子の成婚式がいいとか、メーデーにしろとか、外国大使館がよかろうとか、三越や警察はどうかとか、議会で爆弾を投げたらクールだろうとか、二人が交わした会話の内容が裁判記録に金の証言として残っているが、正直なところ、少年が夢物語を語っているような、または酔っぱらいの妄想のような曖昧さで、とても具体的とは言えない。それは朴と文子の新居の二階の壁に描かれた深紅のハートと「反逆」の文字のような、ジミ・ヘンドリックス然とした朴の「革命青年」写真のような、テロルへの憧憬というか、若者にありがちな「反逆クール」へのセンチメンタルな傾倒が濃厚に感じられる。

まもなく金は、文子の親友で不逞社のメンバーでもあった新山初代と恋仲になる。そのため、朴の爆弾入手計画の話は初代にも漏れてしまい、だんだん金と朴の関係がこじれるにつれて、初代も朴に悪感情を抱くようになった。これが後に、検察側が大逆事件を捏造《ねつぞう》するのに有利な証言を初代から引き出すことに繋がった。

文子が朴の爆弾入手計画について直接知ったのは、朴がソウルで爆弾入手の算段をつけてきたときだった。が、朴の交渉相手だった運動者が別の爆弾事件との関係で検挙され、新聞にそれが報道されているのを見たとき、文子は何か大きな違和感のようなものを感じたと語っている。検挙された人物の写真を新聞で見た文子は、「私は権力に反逆すると云う心地よい想像に幻惑された為ではなかったか」「私は其《そ》の新聞を机の上に置いて自分を疑い考えた」と一九二六年の第一回大審院公判に際し証言している（前掲書より『裁判記録』）。

文子は、朴と自らの叛逆の思想には微妙なズレがあることを冷静に感じ始めていたのではないだろうか。

朴は文子に自分は民族主義者ではないと言った。実際、アナキストを自任する者なら本来は国家や民族などどうでもいいはずで、最終的には一切合切ぶっ潰したい、宇宙もろとも破壊したいのだ、という願望を朴は人にも語っていた。

だが、朝鮮を独立させたいかと尋ねられると「仮令《たとえ》ば下の関に行くものと大阪まで行くものあれば、大阪までは同道できる様なもの」（前掲書より『裁判記録』）と答えている。朴自身が朝鮮人であり、同じ朝鮮人が大日本帝国という支配者に非道な扱いを受けている以上、朴のアナキズムやニヒリズムには民族主義が混ざらないわけにはいかなかった。

一方、文子には、我々の民族を巨悪から解放するという「コレクティヴな正義」の基盤はなかった。だからこそ、文子は朴に「あんなに彼を力強くするものは何であろう。私はそれを見出したかった」と自分にはないものを感じたのではないだろうか。

文子は「我々」ではなかったからだ。彼女は常に「私」だった。そもそも無籍者として国家の枠からこぼれたところで育ったし、家庭にも、学校にも、職場にも、まともに属したことがない。「私」という個は移ろいやすく、よるべなく、そこに絶対の正義など存在しない。だから巨悪に立ち向かう「我々」という「反逆クール」への無邪気な憧憬は文子には薄かった。おきゃんな一面を持ち啖呵も切ったが、殴り込みだ何だと水面でばしゃばしゃ水しぶきを上げる朴とは対照的に、彼女はひとり深く水中に潜る。潜って水面を見上げながら、しんと澄んだ頭で考え始める。

この熱狂は、私が私を生きることと本質的に何の関わりがあるのだろう。

文子の考える「私自身の仕事」は、権力打倒や一切合切ぶっ潰すといった射精的、またはオーガズム的瞬間を得ることではなかった。おそらく、死の瞬間まで彼女は「私自身の仕事」と自分で呼んでいるものの正体が何であるかについて考えていただろう。この若い娘は運動家ではなく、哲学者だったのだ。

ここからの文子の人生を思うとき、国家や家父長制のなかで徹底してどこまでも「私」であろうとした文子が、民族という「我々」の闘争に巻き込まれていく様はどこか皮肉である。

文子の生涯を決定づけた、そして植民地から来た朴の血を煮えたぎらせた出来事が、日常の隙間を突き破っていままさに**地中から噴出せん**としていた。

日常の**隙間から噴出する**ものは、非日常と呼ばれる。

が、エミリー・デイヴィソンは、もはや非日常の隙間からたまに日常が現れるような日々を生きていた。

暴力、放火、逮捕、裁判、投獄、ハンスト、強制摂食、ついにはこれに自殺未遂も加わって、この非日常的なサークルを一巡、二巡とする合間に、短いながらも穏やかな彼女の日常はあった。

ホロウェイ刑務所内部で飛び降り自殺をはかり、全身を負傷したエミリーは、出所後、ノーサンバーランド州の母親のもとで養生生活を送った。最初は友人の家で世話になっていたが、行動が過激すぎるとしてＷＳＰＵ（女性社会政治同盟）事務所での仕事を解雇され、パンクハースト親子から冷遇されるようになっていたので、自立する経済力もなく、いつまでも居候を決めこむわけにもいかなかったのだ。

エミリーは、母親にはサフラジェットの活動について話さなかった。それは二人の間の暗黙の取り決めだった。母が婦人参政権運動に反対だったわけではない。ただ、実家へ帰ってくるたびにやせ細り、傷だらけになっていく娘から、彼女の命を細めるような刑務所での話や、ミリタン

シーの計画など聞きたくなかった。だから、エミリーが実家に戻っている間は、彼女の休養期間であり、運動の話はしないというのが同居のための母子のルールだった。

医師は、いくらエミリーが丈夫な体をしていても、現在のような生活に長期は耐えられないと警告した。とくにホロウェイでの自殺未遂の後は、快復後も首や肩の痛みからエミリーが解放されることはなかった。

しかし、少しでも体の調子がよくなると、WSPUの草の根のアクティヴィストたちの前で講演を行ったり、執筆活動をしたりして、エミリーはちっともおとなしくしていなかった。何かを書いたり話したりすることは、彼女にとってセラピーのようなものだったのである。

エミリーは、地元の新聞だけでなく、カナダの新聞にも手紙を寄稿し、女性の家事労働に賃金を与えよと書いたりして、とくに当時の労働者階級の家庭における女性の問題を多く論じている。また、エミリーは、男女同一賃金実現の必要性をこの時代からすでに当然のこととして訴え、既婚女性と既婚男性に対する雇用の待遇が同一でないことは公正ではないと説いた。

エミリーは、ミリタンシーの信奉者であり、過激派として有名だったが、しかしその一方で、平和的に女性参政権を求めるサフラジストの運動も否定していなかった。ミリタンシーと平和的方法の両方で、ないところを補い合って進めていくのがベストだと彼女は考えていたようだ。WSPU関係者の中でもっとも獰猛で危険な直接行動主義者と思われていたエミリーが、実はそれ以外のやり方による運動も認めていたという事実は特筆に値する。だが、自分が他の方法論を否定しなかっただけに、誰かが自分のやり方を頭ごなしに否定してきたらエミリーは火の玉のように応戦した。

ある女性が、ニューキャッスル・クロニクル紙に寄せた「サフラジェットのミリタンシーのおかげで、自分も女性参政権運動を支持していると言いづらい世の中になった」という手紙が掲載されたときも、エミリーは「ミリタンシーは個人的犠牲の上に成り立っている」という抗議の手紙を書き送った。サフラジェットはミリタンシーを行うことでメディアに扇情的に報道され、私生活が著しく縮小されてしまうという犠牲を払って戦っているのだという反論だった。実際、エミリーの生活にも、もはや「抵抗」と「刑務所」しかなくなっていたからだ。

独身を貫き、出産もしなかったエミリーの生涯には男性とのロマンスの痕跡がまるでない。信仰心の厚いクリスチャンだったからだとか、彼女はアセクシャルだったという説もあるが、同性愛者だったという説もある。サフラジェットたちの同志愛には同性愛的要素があったというのは当時もいまも言われていることだが、命を懸けて同じ目的のために働いている仲間たちの間に、強い感情の結びつきが生まれるのは不思議なことではない。

それが肉体的な関係に発展したかどうかは別にして、WSPUでも武闘派として知られたメアリー・リーとエミリーの間にも特別な絆が生まれていた。エミリーより八歳年下のメアリーはすでに既婚者で、結婚前は学校の教師をしていた。

サフラジェットの放火攻撃はエミリーが始めたことだったが、メアリーも、アスキス首相がアイルランドのダブリンの劇場を訪れたときにカーテンに放火して人々をパニックに陥れた。この事件は大きく報道され、ＷＳＰＵはメアリーの行為を快く思わなかった。が、彼女はＷＳＰＵに残り、パンクハースト親子の組織を離れることはしなかった。

エミリーは、メアリーの罪を被って刑務所に送られたことがあったという説もある。

一九一二年十一月、ロイド・ジョージ財務大臣によく似た風貌の牧師が、アバディーン駅で女性から鞭で襲われるという事件が起きた。この女性は、この牧師をてっきり大臣だと勘違いし、彼に走り寄って犬訓練用の鞭で打ちまくったというのだ。「メアリー・ブラウン」と名乗ったという女性はエミリーだったと警察に断定され、裁判所でも有罪判決を受けているが、複数の彼女の伝記の著者が、これはメアリー・リーの仕業だったのではないかと推測している。

エミリーは、放火や爆弾攻撃は躊躇《ちゅうちょ》しなかったが、ヒステリックに通行人に襲い掛かる性格ではなかったというのだ。が、その一方では、大臣に鞭でお仕置きするという武勇伝はいかにも彼女らしいという研究家もいて、真相はわからないが、エミリーはこの件でまた刑務所に送られ、ハンストを行って四日後に釈放されている。

一九一三年二月にはロイド・ジョージ財務大臣のサリー州の別邸で爆破事件も起きている。邸宅の半分は建築中で、爆弾が仕掛けられたときには無人だった。シルヴィア・パンクハーストは一九三一年に書いた回顧録の中でこの爆弾を仕掛けたのはエミリーだったと書いているが、真偽は不明である。

このようなメディアを騒がせる事件にいちいち関与したと言われながらも、実はエミリーが熱中していたのは職探しだった。無職でお金がなかったからだ。一九一三年の春には、マンチェスター・ガーディアン紙を始め、複数の新聞社や出版社への求職活動を行っている。だがどこにも雇ってもらえず、エミリーは孤独に執筆を続けた。

同年五月八日にデイリー・スケッチ紙に掲載された記事は、エミリーが最後に書いた文章だと言われているが、その中にはこんなことが書かれている。

真のサフラジェットとは、自分自身の魂を持たんとする女性の決意を体現する者だ。神の言葉は永遠に真実である。「人は、たとえ全世界を手に入れても、自分の魂を失ったら、何の得があるだろう?」

そして、この理念を実現するために、もっとも進歩的なフェミニストたちは、今日、すべての犠牲を払っても徹底的に抵抗するに至ったのだ。

(Lucy Fisher, *Emily Wilding Davison: The Martyr Suffragette*)

この文章はエミリーの信条そのものだ。たとえ富や幸福や健康を手に入れても、自分の魂を失ってしまったら、私は何も持っていない。自分自身の魂を持たなければ、私は生きていないのである。

だが、どれだけ多くの女性たちが、経済的・社会的に男性に庇護されて生きるために自分自身であることを捨て、または庇護されて生きることが幸福だと思い込み、自分自身を生きないでいることだろう。それは生きていることにはならない。それは生きているように見えるが、死んでいることだ。そんな死人の生は彼女には生きられなかった。

だからエミリーは燃やし、石を投げ、抵抗した。あなたたちは死んでいる。いつまでそうしているんだ。とっとと目を覚ましやがれと暴れ続けた。しかし女性たちは起きない。社会は眠りから覚めることを拒否している。

それどころか、それは生きようとしているわずかな女たちを殺しにかかってくる。本気で潰しにかかってくる。警官に力ずくで押し倒され、抱え上げられ、投獄され、体の中に管を突っ込まれてレイプ摂食されてベッドの上に投げ捨てられる。わかるまで反復してやると彼らは言うのだ。お前たちの中に覚醒したその生きようとするものを殺せと。それが死なければこの社会では生きられないのだと。

では、それを反転させたらどうなるだろう。本当に死ねば逆に生きられるのではないか。本当に死んだら逆に生かすことができるのではないか。

何を？　私を。そして女たちを。

エミリーが国王の馬の前に身を投げ出したダービーの前日、六月三日に、彼女はケンジントンのエンプレス・ルームズで開催されたサフラジェットの夏のイベント「オール・イン・ア・ガーデン・フェア」初日に出かけている。会場に到着するや否や、エミリーはメアリー・リーの腕を取り、ジャンヌ・ダルクの彫像を見に行った。ジャンヌ・ダルクはWSPUの守護聖人であり、エミリーが崇拝するヒロインでもあった。二人は並んで彫像の前に立ち、そこに刻まれていた碑文を読んだ。

「戦い続けよ、さらば神は勝利を与えん」

エミリーはその日、ゲームを楽しんだり、書籍の露店を見て回ったりして朗らかに過ごしたという。そして、できれば毎日フェアに顔を出したいのだが、明日は来られないとメアリーに告げた。

「明日はダメなの。明日はダービーに行くから」と言うので、なぜ明日のダービーがそんなに重要なのかとメアリーが尋ねると、エミリーはこう答えたという。

「夕刊を見て、そこに何かが載っているはずだから」

そして本当に**翌日の夕刊**にそれは載っていた。

新聞の見出しはこうだった。

帝都を中心として　関東の天変地異　地震から海嘯　火災列車の惨事　大混乱言語に絶す

関東大震災が発生した翌朝に配られた、一九二三年九月二日付「大阪朝日新聞」朝刊の一面の見出しだ。震災は、午前十一時五十八分に発生した。その午後には「朝鮮人暴動」の流言が広がり、夜になると一部で朝鮮人迫害が始まった。「社会主義者と朝鮮人が放火している」、「朝鮮人約三千人が多摩川を渡って来襲」、「朝鮮人が井戸に毒を入れている」というデマが駆け巡り、翌日には各地に自警団が組織され、朝鮮人の虐殺が拡大していく。

加藤直樹『九月、東京の路上で――一九二三年関東大震災　ジェノサイドの残響』に、震災から半年の間に書かれた当時の子どもたちの作文が引用されている。

朝鮮人がころされているといふので私わ行ちゃんと二人で見にいつた。すると道のわきに二人ころされていた。こわいものみたさにそばによつてみた。すると頭わはれて血みどりになつてしやつわ血でそまつていた。皆んなわ竹の棒で頭をつついて『にくらしいやつだこいつがいふべあばれたやつだ』とさもにくにくしげにつばきをひきかけていつてしまつた。

（横浜市・高等小学校一年〈現在の中学一年〉女児）

映画監督の黒澤明もこう書き残している。

関東大震災の時に起った、朝鮮人虐殺事件は、この闇に脅えた人間を巧みに利用したデマゴーグの仕業である。

私は、髭を生やした男が、あっちだ、いやこっちだと指差して走る後を、大人の集団が血相を変えて、雪崩のように右往左往するのをこの目で見た。

焼け出された親類を捜しに上野へ行った時、父が、ただ長い髭を生やしているからというだけで、朝鮮人だろうと棒を持った人達に取り囲まれた。

（西崎雅夫編『証言集　関東大震災の直後　朝鮮人と日本人』）

志賀直哉もこう書いている。

軽井沢、日の暮れ。駅では乗客に氷の接待をしていた。東京では鮮人が爆弾を持って暴れ廻っているというような噂を聞く。が自分は信じなかった。

松井田で、兵隊二三人に弥次馬十人余りで一人の鮮人を追いかけるのを見た。「殺した」直ぐ引返して来た一人が車窓の下でこんなにいったが、余りに簡単過ぎた。（同前）

集団狂気になだれ込んでいったのは自警団や野次馬だけではなかった。政府もまた、混乱に乗じて反政府的思想を持つ社会主義者や無政府主義者、労働運動家たちの検挙、弾圧、殺害を行う。震災から半月経った九月十六日には大杉栄虐殺事件が起き、大杉栄と伊藤野枝、まだ六歳だった大杉の甥、宗一が憲兵に殺されている。

朴烈と文子が検束されたのは震災から二日後の九月三日の夜だった。朴の連行の理由は、泥酔者などに対して行う保護検束だった。文子の連行の理由は不明。不逞社の機関紙『太い鮮人』や宣伝ビラの束などとともに、文子の身柄も警察に「押収」されたようなものだった。

大震災の前から、警察は不逞社が九月二日の国際青年デーに何かやらかすのではないかと警戒し、偵察していたようだ。震災直後の朝鮮人暴動のデマについては、松本清張は「いずれにしても、このデマの根元は、政府が意識的につくったと思われるふしがある」と書いている（『昭和史発掘　一』）。「〔略〕とにかく民衆は、自警団などと称して鮮人虐殺を敢行したものと否とを問わず、×××のいうことだから嘘ではあるまいと、少なくとも一時鮮人の組織的暴行を信じたことは明白の事実だ」と吉野作造が『中央公論』(大正十二年十一月)に書いていたというのだ。

そうだとしたら、なぜ政府はそんなデマを流す必要があったのか。それは、当時の内務大臣、水野錬太郎と後藤新平の二人は、米騒動を経験した大臣だったからだという説がある。水野と後藤はメシが食えないギリギリのところで起こる民衆暴動の恐ろしさを知っていたので、震災で食料暴動が起き、政府への反乱が勃発したらえらいことになる、民の怒りをそらすターゲットが必要だ、というので朝鮮人へのヘイト感情を煽ったというのだ。

しかしながら、政府が考えていた以上に国民は暴走してしまい、朝鮮人虐殺はエスカレートする。「天下晴れての人殺し」と言っていた一市民や、朝鮮人を殺害した恩賞を求めて警察署に出頭した村民もいたというのだから、朴が震災後すぐに検束されたのは、かえって安全だったとも言える。

他方、海外から虐殺の責任を問われたら困る政府にとって、朴烈は、免罪符として使える格好の存在になった。架空の「不逞鮮人の暴動」を扇動した朝鮮人をでっち上げようとするとき、文字通り『太い鮮人』という雑誌を出していたアナキストほど格好の人物がほかにいただろうか。

問　被告ノ年齢ハ?

答　ソンナコトハドウデモヨカロウデハナイカ。

問　被告ノ戸籍謄本ニヨレバ、被告ハ明治三十五年二月三日生レトアルガ、ドウカ。

答　多分、ソウデアロウ。生レタ日ヲ知ッテイル人ガアルカ。
問　職業ハ雑誌発行人カ。
答　オレハ職業トイウモノヲ認メテオラヌ。強イテイエバ、ソレハ不逞業トイウノデアロウ。

（松本清張、前掲書）

人を食ったような態度のふてぶてしい朴を前に、「こいつは絶対に超危険なことをやらかそうとしていた(していて欲しい)」という当局の歪んだ願望は高まった。そんな彼らに突破口を与えてしまったのは、誰あろう、文子の親友の新山初代だった。

何時何処デアッタカ記憶シマセヌガ革命ノ方法ハ水道電気ノ源泉ニ爆弾ヲ投ジ東京市ノ混乱ニ乗ジテ貧民窟ニ放火スレバ良イト云フコトヲ申シマシタ事ト、革命ヲスルナラバ此ノ秋ガ都合ガ好イト云フコトヲ話シタ事トデアリマス。尚朴烈ノ口カラ此秋皇太子ノ御慶事ノアルコトヲ聞イタ記憶モ確カニアリマス。

（北村巖『大逆罪』）

不逞社関係者への弾圧が続く中で、初代も九月二十四日に検束された。そして警察に爆弾入手計画について喋ってしまう。さらに、十月十四日に行われた検事聴取でも「今秋が革命に好都合だと朴烈から聞かされて、今秋とは御慶事の時を指すと直感致しました」と言い、恋人の金重漢が上海に行ったのも、今秋の革命に必要な爆弾を入手する目的だったのだろうと「解釈した」と喋った。もちろん彼女は個人的な「直感」と「解釈」を述べているだけで、何の証拠も示してない。が、彼女は文子も計画を知っていたことをほのめかす発言をした。

初代は、朴のことを嫌っていた。金と初代に爆弾攻撃を実行させて、自分は逃げるつもりでいるのではないかと考えていたからだ。だから文子はそんなことはないと初代を説得し、朝鮮から朴宛に爆弾の件について手紙が来たのでその入手を金に頼んでいるだけで、朴はあくまでも自分で爆弾を使うつもりなのよと言って聞かせたことがあった。初代はそのときのことを警察に話してしまったのだ。

初代は最初から「落としやすい」ターゲットとして狙われていた。ニヒリスティックな文学少女で思想の知識はあったが、ずるくサバイバルする地べた運動家の野太さみたいなものは彼女にはなかった。そもそも不逞社に参加したことにしても、文子の親友だったから加わっただけで、朴烈流の暴れるアナキズムに心から共鳴していたわけではなかったのだ。

何より、病弱だった初代は検束から二か月後の十一月には結核で亡くなっている。すでに肉体的にもかなり衰弱していた若い娘の儚《はかな》さに、当局はつけ込んだのである。

初代が喋ってしまったので、文子も爆弾入手計画について警察に話さないわけにはいかなくなった。朴も同様である。二人は他の不逞社のメンバーたちに容疑が広がることを何よりも恐れていた。だから、朴は爆弾入手計画は自分一人で企てたことだったと主張したが、十月二十日には不逞社員十六名が起訴されている。

奇しくも、この日は朝鮮人虐殺事件の新聞記事が解禁されることになっていた。虐殺を正当化するために「不逞鮮人」が震災の混乱に乗じてえらいことを企てていたというニュースはまさにうってつけではないか。当局は、故意にこの日を選んで起訴を行ったのだろう。飛んで火にいるアナキスト。それが不逞社だった。

「氏名は金子文子。

年齢は戸籍面では二十二歳でありますが、本当は二十歳であります。

族称は平民。

職業は人参行商」

文子は、十月二十五日の予審訊問で自らをこう紹介している。朴烈の妻なのかと尋ねられると、

「そうであります」

と答えた。続けて判事は文子の思想について質問を始める。

「政治社会問題に対する被告の思想は」

「私の思想は一口に言えば虚無主義です」

「朴の主義思想は」

「朴の思想も私の思想と同じです」

不逞社について質問されると、文子は自分と朴が組織した団体であると認める。

「どうして不逞社を組織することになったか」

「不逞社というのでありますから、不逞の徒の親睦を計るために組織したのであります」

「不逞の徒とは」

「権力に対して反逆する虚無主義や無政府主義を抱いている者の集りです」

不逞社の目的について聞かれた文子は臆することなくこう答えた。

「不逞の徒が寄り集まって気焔《きえん》を挙げその「とばっちり」を持っていくのです。同志の中の気の合った者が自由に直接行動に出るのです。まあ貴方方お役人を騒がせることです」

当局が文子のこうした発言を記録しながら、にやり、にやりとしていた様子は想像がつく。

明けて一九二四年、一月十七日に行われた二回目の被告人訊問では、文子は自分の生い立ちについて質問され、幼い頃からの複雑な家庭環境や虐待経験を率直に話し、朴との同棲を告げたときには実の父親から「卑しい鮮人と同棲するということは、光輝ある佐伯家の家系を汚す者である」と勘当されたと言っている。

さらに、三回目の訊問では、東京に出て、クリスチャンや社会主義者と出会ったが次々と失望させられたと語り、「苦痛の中に立って苦痛を感せずに睡《ねむ》っている農民」や「骨までしゃぶられてせっせと働いている労働者たち」の無知にも呆れ、睡れる無知のまま放っておいたほうがむしろ彼らには幸福ではないかと思って虚無主義に行き着いたと説明している。

また、同回の訊問で、日本社会の階級は、「第一階級－皇族」、「第二階級－政治の実権者」、「第三階級－一般民衆」の三つに分かれる（英語でいえば「モナキー」、「エスタブリッシュメント」、「ピープル」になるだろう）と話し、皇族について「牢獄的生活にある哀れなる犠牲者」、「政治の実権者たる第二階級が無知な民衆を欺《あざむ》くために操っている可愛相な傀儡《かいらい》であり操り木偶《でく》」と言い放っている。

予審で文子が爆弾入手計画について聞かれたのは、一月二十五日の第六回訊問だった。

「朴烈は金重漢に対して爆弾の入手を頼んだことがあるか」

と聞かれた文子は

「あります」

と答えた。そして爆弾入手の目的について、「第一階級、第二階級を合せて爆滅させるため」とはっきり言い、君たちは皇族に対して日ごろ尊称を用いていたかと聞かれると、「いいえ天皇陛下のことを病人と呼んでおりました」と答えている。皇太子は「坊《ぼっ》ちゃん」、その他の皇族は「眼中にありませぬ」、大臣その他の顕官は「有象無象」、警視庁の役人はブルジョアの番犬だから「ブルドック」または「犬ころ」だったと文子は臆することなく述べた。

朴は、東京の地べたを這うように生きてきた自分のことを自作の詩のなかで「犬ころ（ケーセッキ）」と形容したが、これは自分に対する誇りがなければ吐ける言葉ではない。

俺は底辺の犬ころ同然に扱われても、お上からションベン垂れかけられたら垂れ返すだけの意地は持って生きてるぞ。それをお上の言いなりになって番犬のように尻尾を振り、何の疑問も持たずに下側の者たちを小突き回して生きるお前らは何なんだ。本物のファッキン犬ころは誰なんだ。という「官犬（官憲）」に対する痛烈な皮肉をとばした詩にも聞こえてくる。

実際、この時代の日本を法治国家と呼ぶことはとてもできない。警察も裁判所も、天皇制国家の権力の言うがままに操られていたからだ。白昼堂々とジェノサイドが行われていたのに、虐殺を阻止せんと憤然として政権に反乱を起こした警察の抵抗勢力や、国家責任を毅然と追及した司法官は出てこなかったのである。

文子と朴の逮捕にしても、最初、朴は泥酔者などに適用される保護拘束で連行された（繰り返すが文子の拘束理由は不明）ので拘束が許される期間は二十四時間だった。が、その後、勝手に警察が朴と文子の家の賃貸契約を解消してしまい、二人を浮浪者扱いにして警察犯処罰例第一条三項適用にしたので拘留期間が二十九日間に延長された。が、それが期限切れになっても拘留は続き、起訴されるまでの期間、いったいどんな法のもとに彼らが拘留されていたのかまったく不明なのだ。

はっきり言って、アナキストより国家のほうがよっぽど無法者だったのである。

しかし、この文字通りにアナキーな無法国家を作り出しているのは無政府主義者ではなく、むしろ政府の犬になって、お上の顔色をうかがうためなら、法も何も一切合切無視するおとなしい官犬、すなわち奴隷犬たちだった。

これを嘲笑《あざわら》うように文子は言うのである。

「ある時朴は自分は以前、郵便配達夫をしていたことがあるから、坊ちゃんの行列の時、配達夫の服装をして「ブルドック」の目をだまして、爆弾を坊ちゃんに投げ付けようかと申しておりました」

きゃいーん、大臣様！　いい陳述、取れましたあ！　と尻尾をぶんぶん振って喜ぶ官犬たちの姿が目に浮かぶようだ。

文子は冷たく澄んだ目でその様を見つめていた。

が、すぐに反吐《へど》が出るほどうんざりして宙に視線を移した。彼女がそこに見ていたものは、腐ったピラミッドの頂点に坐す者に**爆弾をぶち投げる**自分の姿だったかもしれない。

それでは爆弾をぶち投げましょう、と提案したのはマーガレットだった。

シェルボーン・ホテルの屋上の英軍兵たちを一気に始末するには、こちらも王立外科医学院の上から銃を撃ち続けているだけでは埒が明かないと思ったからだ。

「一人兵士を私につけてくれたら、八秒間の導火線がついた爆弾をホテルの窓から投げ入れて帰ってきます」

マーガレットは司令官のマイケル・マリンに提案した。自転車でホテルに向かい、爆弾を窓から投げ入れて全速力でペダルを漕いで逃げれば大丈夫。屋上からあれだけ英軍に撃たれても私がメッセンジャーとして移動できたのは、私の自転車を漕ぐスピードが尋常でなく速いからなんですよ、とマーガレットは主張した。

マリンは計画の有効性は認めたが、マーガレットにそんな危険な仕事をさせるわけにはいかないと躊躇した。またもや、「女だから守らなきゃ」というジェントルメン思考の習慣に囚われているのである。あなたはまだそんなことを言っているのか、我々の男女平等の原則は机上の理想に過ぎないのですかとマーガレットは食い下がった。すると、マリン司令官は、ホテルに爆弾を

投げる前に、やるべき仕事が残っていると言う。

ニューマン大学教会にふきだまっている英軍兵士たちを孤立させるため、二つの建物を燃やす必要があるというのだ。この教会を英軍に占領されたことが原因で、マリンやマーガレットたちがいる王立外科医学院は他の蜂起軍と連絡を取ることができず、孤立させられた状態になっている。この状況を打破するには、教会の周囲の二つの建物で火災を起こし、逆に彼らを教会に閉じ込めるしかないというのだ。

それならば私をその作戦に参加させてくださいとマーガレットが詰め寄ると、マリン司令官はついに折れ、彼女が四人の兵士を率いて建物の一つに放火しに行くことを許可した。

この重要な任務を任されたことで、マーガレットの気分は一気にあがり、意気揚々と男たちを引き連れて放火しに出て行った。

数分歩くと、ターゲットの建物に着いた。兵士の一人が一階の店舗のガラス扉をライフル銃の後部で叩き割った。マーガレットが先に中に入り、他の兵士たちに入ってくるよう呼んだ。その瞬間、マーガレットの背後で銃声が轟き、彼女の体が崩れ落ちた。

「ああ、これで終わり」とマーガレットは思わず呟いた。

が、どうやら私は死んでないらしい、と気づいたとき、兵士の一人が彼女を抱え上げ、建物の外に運び出した。建物の脇には、マーガレットの部隊に加わることを志願した十七歳の少年兵が倒れていた。あたりは血の海だ。

「彼も連れて行かないと」とマーガレットは言ったが、もう少年が死んでいるのは誰の目にも明らかだった。

兵士たちに抱えられるようにして王立外科医学院に戻ると、マーガレットとともにホテルに爆弾を投げに行く予定だった青年が自転車にまたがって彼女の帰りを待っていた。彼と一緒にホテルを爆破できなくなったことがマーガレットには何より無念だった。

マーガレットは大きなテーブルの上に寝かされ、軍服をナイフで切られた。銃で撃たれた傷よりも、マダムにもらった軍服を切られたことのほうが耐え難かった。胴体の右脇、右腕、背中の右側、の三か所を撃たれていることがわかった。店舗の中に入ったとき、もし仲間を呼ぶために振り返らなかったら、三つの銃弾はまともに背中から入り、肺に貫通して死んでいただろう。

テーブルの脇にはマダムが立ち、ずっとマーガレットの手を握っていた。傷はそれほど痛いと思わなかったが、自分が計画したホテル爆破計画を遂行できなくなったことがマーガレットには悔しくて、情けなくなった。

なぜ、いま。どうしてこんな大事な局面で負傷するなんてへまを打ったのだろう。

そう思いながらマーガレットが沈んでいると、いつしかマダムの姿が部屋から消えていた。

マダムは兵士を一人引き連れて、マーガレットが撃たれた現場に戻ったのだった。

マダムに同行した兵士は、放火のターゲットだった建物の脇で亡くなっていた十七歳の少年の死体をわざと抱え上げた。敵の関心を引くためである。すると案の定、英軍の兵士が銃を撃ってきた。狙撃手は二人だった。マダムは彼らの姿を確認すると、二発の銃弾で二人の英兵を射殺した。

「敵《かたき》は取ってきたからね」

マーガレットのベッドのそばに戻ってきたマダムは優しくそう言った。

司令部はマーガレットを病院に連れて行くことに決めたが、本人は拒否した。その晩すぐに医師に来てもらうことは不可能だったので、兵士たちが簡易ベッドを運び入れ、マーガレットの傷に応急処置が施されることになった。

だが、彼女にとって本当にしんどかったのは、傷の痛みより、止まらない咳と胸のあたりの奇妙な痛みだった。咳を堪《こら》えると喉からヒューッと変な音がするので、「これ、死前喘鳴《しぜんぜんめい》じゃないからね」とベッドからジョークを飛ばすたびにみんな笑っていた。

翌日、マーガレットは一日中うわごとを言い、熱にうなされてうめきながら過ごした。彼女は肺炎にかかっていたのだった。そしてもっとひどいことには、傷の治療にやってきた医師が、誤って昇汞《しょうこう》を塗りすぎ、右脇と背中の皮がすっかり剝けてしまった。その激痛はどんな拷問よりも耐え難いもののように思われた。

この受難を通じてそばでマーガレットを励まし続けたのはマダムだ。誰よりも豪胆で獰猛な兵士であり、凄腕のスナイパーであるマダムは、同時に優れた看護師でもあった。それがフィアンナ・エイリアンの傷ついた少年たちであれ、公演を前に緊張して震えている舞台女優たちであれ、マダムは弱っている人々を優しくサポートするプロなのだった。

病床のマーガレットの耳にも戦況が断片的に伝わってきた。彼女の部屋に入ってくるすべての人々が、蜂起軍はよく戦っていると言っていた。マーガレットを落ち込ませないためにわざとそう言っているわけではなく、この頃はまだ、本当にみんなそう思っていたのだ。すでに蜂起軍の部隊は完全に他の部隊から遮断されてしまい、中央郵便局の本部でさえ戦況の全体像が摑めていない状況に陥っていた。

ダブリン郊外でついにアイルランド義勇軍が正式に蜂起に参加したとか、蜂起軍の優勢を聞きつけたドイツ軍が潜水艦でかけつけ、海上で英軍と戦っているとか、様々な噂が飛び交っていた。そして王立外科医学院の中にいる蜂起軍の兵士たちはそれを信じ、頼りにしていたのである。

ところが。

蜂起六日目の四月二十九日の土曜日、最高司令官のパトリック・ピアースが英軍に無条件降伏した。

翌日の日曜日の朝、英兵たちに連れられて、蜂起軍のメッセンジャーが、ピアースが降伏宣言を出したことを伝えに来た。そのとき、マリン司令官とマダムはちょうどマーガレットの部屋に来ていた。メッセンジャーの女性に本部の全面降伏を知らされたマダムは、

「降伏ですって?」

と叫んだ。

「私たちは絶対に降伏しないわ！」

マダムはマリン司令官に自分たちの部隊だけは戦い続けようと言った。降伏するより、殺されたほうがよっぽどましだと激しく主張した。マーガレットも同じ気持ちでそれを聞いていた。マリン司令官は彼女たちを安心させるためか、「強制されるまで降伏はしない」と曖昧なことを言ってお茶を濁したが、この時点で彼が決断を下していたのは間違いない。

それから一時間後には、マーガレットは病院に移送されることになったからだ。マーガレットの移送は、実質的にマリン司令官の部隊の降伏作業の始まりを意味していたのである。階下に運ばれるとき、兵士たちが次々と出てきてマーガレットと握手した。「降伏しないで、最後まで踏ん張って」とマーガレットは彼らに言った。そしてマリン指令官に別れを告げたとき、なぜかマーガレットはもう彼に会うことはないだろうと直感した。どうしてそんな気分になったのかわからなかった。マダムに別れを告げたときにはそんな気はしなかったからだ。

聖ビンセント病院に運び込まれてからの二週間は、マーガレットの人生でもっともダークな時期だった。肺炎の高熱に汗びっしょりになって震え続けた。銃で撃たれた傷の痛みや、昇汞でただれた脇や背中の痛みにも苦しんだが、それよりも耐え難かったのは、蜂起軍の同志たちから完全に切り離されてしまったことだった。

マーガレットはスコットランドにいる母親にも自分が生きていることを知らさねばならないと思った。母親はきっと、娘は死んだと思い込んで悲嘆に暮れているだろうから。そして実際、スコットランドのアイルランド人コミュニティでは、マーガレットは銃で撃たれて二日間ダブリンのストリートに死体が放置されていたとか、死にはしなかったが全身不随になったとかいう噂が、まことしやかに広まっていたのだった。

そんなある日、病室で孤独に寝ているマーガレットのもとに、信じがたいニュースが飛び込んできた。

処刑だ。英国は、蜂起軍の指導者たちの処刑を始めたのである。

何かの間違いだろうと思った。いくら英国だって、戦争捕虜の虐殺をするわけがない。しかしそれは真実だった。蜂起軍は戦争のルールに従ってきちんと降伏した。なのに、どうして英国は捕虜を保護せずに野蛮な処刑を始めたのだ？　私の同志たちは戦争捕虜ではないというのだろうか？

死。死。死。死。死。病床のマーガレットに入ってくる情報のすべてが死だった。

五月三日にはパトリック・ピアースとトマス・マクドナー、トム・クラークが銃殺された。翌日にはジョセフ・プランケットとパトリック・ピアースの兄のウィリアム、その他二人の司令官たち。三日目にはジョン・マクブライドが撃ち殺された。

五月八日に銃殺された四人の中には、マーガレットの上官だったマイケル・マリン司令官が含まれていた。マーガレットが撃たれて戻ってきたとき、彼女にこんな危険な仕事をさせた自分を死ぬまで許すことはできないだろうと悔やんだマリン司令官。彼はあのとき、こんなに早く自分の生涯が終わることを知っていただろうか。降伏を決意したとき、まず何よりも先に病身のマーガレットを病院に移送させたマリン司令官。あれは傷ついたマーガレットが英軍に拘束され投獄されないようにという彼の配慮だったのだ。

そして五月十二日。ついにジェームズ・コノリーが処刑された。同志としてマダムと強い絆で結ばれ、マーガレットのスナイパーとしての能力を高く買い、女性であっても分け隔てなく扱ってくれたコノリー。静かだが張り詰めたような緊張感で人々を圧倒したカリスマティックな指導者。彼は理想主義的なナショナリストではなく、どっしり地に足をつけたリアリストだったはずなのに、最後には自分が信じたことのために殺されてしまったのである。

四月二十四日にイースター蜂起が始まり、六日目に蜂起軍最高司令官ピアースが全面降伏を宣言、七日目に全部隊が降伏して戦闘が終結してからわずか二週間のうちに、十四名が処刑された。蜂起の直前にスコットランドからダブリン入りしたとき、一か月後にはこれらの男性たちはみんな死んでいると言われても、マーガレットには信じることはできなかっただろう。

まずマリン司令官の妻が病院にマーガレットを訪ねてきた。彼女は、蜂起中にマリンがいつもメッセージをしたためていたノートを持ってきた。彼は、そのノートに本部へのメッセージを書きつけてはページを破り、メッセンジャーのマーガレットに渡したものだった。マリンの妻は、彼が織ったというアイリッシュ・ポプリンの小さな生地も形見としてマーガレットに手渡した。その間ずっと、未亡人は一度も涙を見せず、毅然とした態度を貫いた。

ジェームズ・コノリーの娘たちもマーガレットに会いに来た。彼女たちも沈着冷静な態度で父の最期をマーガレットに語った。取り乱した様子はまるでなかった。パトリック・ピアースと、彼の兄という理由だけで処刑されたウィリアムの母親もおなじだった。残された女たちはみな、それが彼女たちの怒りや悲しみを表現する唯一の方法だと言わんばかりに平然と、冷たく澄んだ水のような凜とした佇まいで立っていた。

彼女たちをそうさせているのは誇りだとマーガレットは思った。

大英帝国のためにおびただしい血を流し、おびただしい涙をこぼしてきた小さな島の誇りだとマーガレットは思った。この誇りこそが、この島の抵抗の根源なのだ。

どんな抑圧も搾取も惨殺も、アイルランドから**反逆の魂**を奪うことはできない。

「いかなる朝鮮人の思想より日本に対する**反逆的気分**を除き去ることはできないでありましょう」

一九二四年一月二十三日の第四回被告人訊問で文子はそう言った。

さらに、こうも発言している。

「私は朝鮮人に対して尊敬の念を持っていないと同時に人種的偏見を持っておりませぬ。したがって朴との生活は私自身を一段高いところに置いた同情結婚でもありません」

いかにも文子らしい言葉だ。差別に反対するからといってマイノリティを上に置いてマジョリティより尊重すべきものとして扱わない代わりに、劣るものとも見なさない。そもそも、マイノリティをマイノリティであるというだけでリスペクトするというのが「同情」という見下した態度なのであり、そんな人をばかにしたようなことは私はしない。私たちはどこまでも同じ地平に立つ同じ人間だ。だから私が朴を愛するのは、私の差別反対のスタンスとか彼の国籍とかとは何の関係もなく、あの男の考え方や人間性やあの男とのセックスが好きだからなんですよ、と文子ははっきり言っているのだ。

「主義においても性においても同志であり協力者として一緒になったのであります」

この文子の感覚は、今日でもレアだ。マジョリティである自分を下げることでしか、マイノリティである人々を上げられないという思い込みは今日でもけっこう散見されるからだ。だが、このようなギルト（罪悪感）に基づいたマイノリティ・ファースト思想というか、パターナルな遠慮が文子にはないのだ。この自然児にはうしろめたさがない。

あたしら同じ人間じゃん。という、一言でいえばあまりに単純すぎる、しかし実は徹底するのが非常に困難な天然の平等思想を文子は持っていた。いや、あまりにそれは肉体的・経験的な実感だったので、平等感覚、または、平等本能、と言ったほうがいいかもしれない。そもそも上とか下とか、そんなアンナチュラルな人間の観念が作り上げたものが、制度になって人間を縛っているのがおかしい。おかしいものはぶち壊すのみだ。

「前回にも申し上げました通り、皇太子は木偶《でく》でありますが政治の実権と一体不離の関係にありますから、爆弾を投げて皇太子にそれが当《あた》ればなお結構だと思っておりました」（第七回被告人訊問調書）

そう陳述した文子は、朴烈、金重漢と共に爆発物取締罰則違反容疑で追起訴された。すべては自分一人で企てていたことだと言い続けた朴の努力が実って、他の不逞社員は免訴になった。朴は文子のことも巻き添えにしたくなかったのだが、朴とともに裁判を受けるか、刑罰を免れることを選ぶかは彼女の判断に任せた。

「過去の事実を事実の儘《まま》陳述する事は金子の気持を傷付けるかも知れない。又は過去の事実を否認し偽る事は金子の気持を傷付けるかも知れない。俺は金子の気持を尊重するから其《そ》の問に答えない」と朴は予審で発言している。

警察の取り調べで爆弾入手計画についてすでに喋ってしまっていたので、文子は予審を自分の思想を表現する場として使う決意をしていたと山田昭次は書いている。

確かに、追起訴されると文子はもう躊躇せずに自己の思想についてガンガン語るようになり、その発言には淀みというものがまったく見られない。

私はかねて人間の平等ということを深く考えております。人間は人間として平等であらねばなりませぬ。そこには馬鹿もなければ、利口もない。強者もなければ、弱者もない。地上における自然的存在たる人間としての価値からいえば、すべての人間は完全に平等であり、したがってすべての人間は人間であるという、ただ一つの資格によって人間としての生活の権利を完全に、かつ平等に享受すべきはずのものであると信じております。

具体的にいえば、人間によってかつて為された、為されつつある、また為されるであろうところの行動のすべては、完全に人間という基礎の上に立っての行為である。したがって自然的存在たる基礎の上に立つこれらの、地上における人間によって為されたる行動のことごとくは、人間であるというただ一つの資格によって一様に平等に人間的行動として承認さるべきはずのものであると思います。しかしこの自然的な行為、この自然的の存在自体が、いかに人為的な法律の名の下に拒否され、左右されつつあるか。本来平等であるべき人間が現実社会にあってはいかにその位置が不平等であるか。私はこの不平等を呪うのであります。

（第十二回被告人訊問調書）

まじめな立松懐清判事を前にこれを滔々《とうとう》とぶちあげる二十歳そこそこの娘の姿を想像してほしい。マンスプレイニングならぬ、ウーマンスプレイニングである。判事はこんなに偉そうに思想を説く女を見たことがなかったのだろう。この娘は気が触れたのかと思って精神鑑定が必要だと考えた。

文子は、翌年の市ヶ谷刑務所での第十七回訊問調書の中で、「自然科学の研究にでも入ることが一番私の気持に近い生き方でしょう」と答えている。朝鮮で自殺未遂したときにも蟬の鳴き声で我に返ったり、祖母や叔母にいじめられ、学校でつらい思いをしても山に行って寝転がっていると心が晴れたそうで、「ああ自然！　自然には嘘いつわりがない。自然は率直で、自由で、人間のように人間を歪めない」と自伝にも書いている。文子の絶対平等主義は、この苦労したわりには伸び伸びした性格に由来しているのではないかと思える。自然界として見れば、人間は、鳥や牛や昆虫とは違う、種としての人間である。つまり、単なる人間だ。それ以上でもそれ以下でもない。それなのに、そうでない者がいるかのように見せかけて真実を歪めているのは人間なのだ。その欺瞞こそが、人間が本来楽しむべき自由な生活から人間を遠ざけているのだと文子は考えていた。

かくして自然の存在たるすべての人間の享受すべき地上の本来の生活は、よく権力へ奉仕する使命を完《まっと》うし得るものに対してのみ許されているのでありますから、地上は今や権力という悪魔に独占され、蹂躙《じゅうりん》されているのであります。

そうして地上の平等なる人間の生活を蹂躙している権力という悪魔の代表者は、天皇であり皇太子であります。

（第十二回被告人訊問調書）

平等を語るとき、人は「マイノリティ差別はいけません」とか、「貧しい人々を救いましょう」とか言って、人の下に人がいる状態は正しくないのだと説く。それなのにいつまでたっても人の下に人がいる。なぜだろう。

それは人の上に人がいるからだ。

生まれながらに蔑まれるべき人が存在しないのなら、生まれながらに敬われるべき人だって存在するわけがない。

それなのに、「生まれながらに高貴な人」をデッチあげて社会を統治しようとするから、それとまったく同じ論理で、民衆を支配するために「生まれながらに蔑まれるべき人」が設定され、スケープゴートに使われ続ける。天皇のいる社会は、差別で統治する社会だ。これはシンプルなファクトである。

蔑まれ、いじめられ、無籍者、アンダークラス民として虐げられてきた文子だからこそ、その構造がクリアに見える。「それはそれ、これはこれ」と誤魔化されて維持されている不平等の元凶がどこにいるのかが見える。私がいるのは、あなたがいるからだ。死んでもらいます。

私らはいずれ近いうちに爆弾を投擲《とうてき》することによって、地上に生を断とうと考えておりました。〔略〕

私の計画を突き詰めて考えてみれば、消極的には私一己の生の否認であり、積極的には地上における権力の倒壊が窮極の目的であり、またこの計画自体の真髄でありました。

私が坊ちゃんを狙ったのはこうした理由であります。(同前)

他方、朴烈はなぜ皇太子を投擲の対象の一つとしたのかと立松判事に問われ、こう答えた。

おれは日本の天皇、皇太子個人に対してなんらの恩怨をもっておらぬ。しかし、おれが日本の皇室ことに日本の天皇、皇太子をもっとも重要なるものの一つに挙げたのは、第一に日本の民衆に対しては、日本の皇室がいかに日本の民衆の膏血を搾取する権力者の看板であり、また、日本の民衆の迷信しているような神聖なることの正体はじつは幽霊のようなものにすぎないこと、すなわち、日本の皇室の真価を知らしめて、その神聖を地にたたき落すため、第二に朝鮮民衆に対しては、同民族が一般に日本の皇室をすべての実権者であると考えており、憎悪の的としているから、皇室を倒して朝鮮民衆に革命的、独立的情熱を刺戟するがため、第三に沈滞しているように思われる日本の社会主義者に対して革命的機運をうながすためであったのだ。

（松本清張『昭和史発掘　一』）

不逞社のメンバーだった陸洪均《ユクホンギュン》は、「わたしに言わせれば、あの大逆事件というものは、立松と、朴烈と文子で作りあげた大芝居、大幻影劇というところだな」「あの段階では、およそ、あんな大罪に仕組むことの出来ないような、証拠不充分の、計画倒れの虚構のプランだったものね」と後に瀬戸内寂聴に語っている（『余白の春』）。

これまでの君の陳述は刑法第七十三条の大逆罪に該当することになるぞと脅された文子はこう答えている。

私のやったことかやろうとしたことが、貴方方《あなた》の勝手に作り上げた法律とかいうものの第何条に該《あた》ろうとそんなことは私の知ったことではないじゃありませんか。

私はただやりたいことを正直にやろうとしただけですから、貴方方もやりたいことを勝手にやったら宜《よ》いでしょう。貴方方は私に最重刑を科する口実を求めているに過ぎないのですから。

（第十五回被告人訊問調書）

立松判事のやりたいことが、大逆事件で起訴するための陳述を引き出すことだったとすれば、この時点で彼はそれに成功していた。だが、それを成し遂げるために、彼は後に失職する原因となる墓穴も掘っていた。

朴烈の訊問の天王山となった五月二日、立松判事は朴烈と文子を予審廷で三十分間も二人きりで過ごさせるという異例のことを行ったのである。この特別待遇を決断した理由は、朴烈が文子と一緒に写った写真を故郷の母親に送りたいと言ったからだったが、同時に、自分が判事として大事件を担当し国家を守ったという記念にしたかったからだと立松判事は後に語っている。

朴烈は立松判事のことを、まじめな人として尊敬すると語ったことがあり、国家に尻尾を振る犬を全面的に信用はしてなかったにせよ、どこか心を許している部分もあった。また、立松判事も、「今日はつくづく考えさせられてな。いや、金子文子の生い立ちのことなんだがね。実に憐れなんだよ。聞いていて、これじゃ世の中を呪いたくなるのは当り前だと思った」と妻に言ったこともある（本田靖春『不当逮捕』）。

朴と文子の信頼を得ることで大逆事件を裏付ける陳述を引き出そうとして二人を会わせたという説もある。が、大逆事件担当の記念が欲しかったと言っている以上、この時点でおそらくこの若いカップルは死刑になるという認識もあったろうから、憐れみの感情もあったのかもしれない。で、このときに撮影された写真が「怪写真」として有名な、朴が膝の上に文子を載せている写真である。文子は朴の膝の上で少女のようなあどけない表情で本を読んでいて、朴は不敵に右の肘をつき、左手は文子の胸を触っているという挑発的な写真だが、この撮影が終わった後で立松判事は朴と文子を二人きりにして退室している。

このときの「怪写真」と、そのときの様子をセンセーショナルに書いた「怪文書」が後年になって流出すると、世間はもう大騒ぎになった。大逆事件で捕まっている容疑者たちに、なんでこんなエロい写真を撮らせているんだ、しかも、予審廷で公式に密室の逢瀬を許したなどと我が国の司法制度はどうなっているんだ、と人々は激昂し、一大スキャンダルとなって若槻内閣倒閣運動の道具として使われることになる。

だが、後になって起こったそんな政局のゴタゴタは文子や朴の知ったこっちゃない。与えられた時間をマキシマムにいとおしみ、愛する人を思いきり愛するだけだ。平等と性愛にうしろめたさはない。

翌日の五月三日、立松判事は朴に反省してみないかと呼び掛けた。が、朴は「反省が所謂《いわゆる》改悛を意味するなら夫《そ》れは俺に対する大なる侮辱である」と退けた(『裁判記録』、山田昭次『金子文子』)。

立松判事は五月十四日に文子にも改心を呼び掛ける。が、文子も「私は改悛せねばならぬようなことは断じてしておりませぬ」と突っぱねる。

もし二人を転向させることができたら、あっぱれ判事人情派、ニッポン最高！　天皇最高！　の美談になってヒーローになれる、みたいな野望も立松判事にはあったのかもしれないが、そんな手に朴と文子がまんまと乗るわけがなかった。

そして七月十七日、二人は爆発物取締罰則違反に加えて刑法第七十三条の罪（大逆罪）で起訴された。

この年の夏から秋にかけて、文子は獄中で自伝『何が私をこうさせたか』の執筆に入る。すでに逮捕されてから二年の月日が過ぎようとしていた。彼女の精神鑑定を行った東京帝国大学助教授、杉田直樹に、文子は「刑を受けるのもいづれ近い中でしょうから、私は急いでかいているのです」と語っている（同前）。

さらに、文子はほぼ同時期に短歌を書き始めた。

文子は死に支度を始めたのだろうか。死ぬ前に自分の生に決着をつけたくて獄中での執筆活動に集中するようになったのだろうか。

たぶんそうではないだろう。「今は私は社会と接触しませんから、社会の事を考える材料がありません。自分一人の事だけしか考える材料はありません。それですから、私は今自叙伝をかいているのです」と言っているからだ（同前）。

文子は、生を閉じるのではなく、まだ伸びようとしていた。自分自身の生涯を研究材料として、自分の思想を拡張させ、さらに先に進もうとしていたのだ。

死ぬことすら閉じることではなく、進むことになり得る。生きるということ、生を延長するということのみに囚われ、縛られさえしなければ、死は受動的なものではない。

手足まで不自由なりとも
死ぬといふ、**只意志あらば**
死は自由なり

（『獄窓に想ふ——金子ふみ子全歌集』）

能動的な死は、必ずしも自殺——自分を殺すこと——ではない。

ダービーで競走馬の前に歩み出たエミリー・デイヴィソンの死ほど、「いったいどんな死だったのか」ということが議論され続けてきた死も珍しい。

一九一三年六月四日の朝、ノーサンバーランドのエミリーの母親は、自宅の窓の桟にカササギが一羽とまっているのを見た。窓を開けて追い払おうとするが、逆に鳥は部屋の中に入ってきた。何か悪いことが起きる予兆だと彼女は直感した。

エミリーは、この日、ロンドンからエプソムまでの電車の往復チケットを買っている。このことは、長年、歴史学者や研究者、作家たちの間でエミリーの自殺の意志をめぐる論争の焦点になってきた。

この時代のダービーは一大イベントだったから、当日の朝になるとロンドンからエプソム行きのチケットを買う人が駅に殺到した。ダービーというと現代では着飾ったロイヤルファミリーやセレブがシャンパンを傾けている姿を想像するが、この時代はイーストエンドに住む労働者階級の人々にとっても最大の娯楽の一つだった。競馬場のそばには移動遊園地や大道芸人たち、小間

物や食べ物の屋台が立ち並び、ちょっとした休日のフェスティバルだったのだ。つまり、それはロンドンとエプソムの間でロンドン市民の大移動が起こる日だったので、レース後に小さなエプソムの駅が大混乱に陥ることを防ぐため、駅員が往復チケットしか売らなかったという説がいまは有力になっている。

「往復ですね」と駅員に当然のように聞かれて、「いいえ、行きの切符だけで結構です」とあえて言う必要もないとエミリーは思ったのだろう。決死の覚悟で何かをしようとしている人間が、往復の切符を買ったらお金が無駄になるとかいう細かいことをぐずぐず考えたとは思えない。

エプソム競馬場に着いたエミリーは、長いスカートにコートを着用し、帽子を被って、まったく目立たない姿で人混みに潜伏していた。六万人を超える群衆にはスリや痴漢も紛れていたので、警察もあちこちに立っていた。その日、ロイヤルボックスには国王ジョージ五世とメアリー妃も座っていた。

病院に運ばれたとき、エミリーの所持品の中には競馬のレースカードがあったそうで、彼女はいくつかのレースでお金を賭けていたようだ。

午後三時が近づくと、メインレースに出場する馬たちが行列を始めた。先頭には国王の馬、アンマーが歩いている。馬上には名ジョッキーの誉れ高いハーバート・ジョーンズが座っていた。彼はこれまで二度のダービーを制している。

エプソム競馬場に来ていたサフラジェットはエミリーだけではなかった。大勢の人が集まるダービーは女性参政権運動を宣伝するには恰好のイベントだからだ。メアリー・リチャードソンもそんな一人で、サフラジェットの新聞をバッグから出して頭上で振ったりしていたが、そんなことをするとリンチされる危険性もあるので、タイミングを見計らって注意深く人混みに潜んでいた。彼女はエミリーを目撃している。

何度か彼女に会ったことがあり、そのときの会話からとても真面目な人だという印象を受けていたので、彼女を見たときには驚きました。午後を競馬で過ごすような女性ではなかったからです。微笑みかけると、彼女も遠くから微かに笑い返したように見えました。彼女は一人で、白いペンキが塗られた手すりのそばに立っていました。トテナム・コーナーの、コースがちょうどカーブしているところです。何かに熱中しているような、それでいて他の人々から遠く離れたところにぽつんといるような、周囲で起きていることにまったく関心を持っていないような感じでした。(Lucy Fisher, *Emily Wilding Davison: The Martyr Suffragette*)

エミリーが立っていたのは、トテナム・コーナーと呼ばれるコースの曲がり角の地点で、次にどの馬が近づいてくるのかよく見える場所だった。また、レースの模様を撮影していた三社のカメラが別々のアングルから撮っていた地点でもあり、事を起こすにあたってこれほどはっきりと映像に記録される場所はなかった。

レースが始まり、十五頭の馬がトテナム・コーナーに近づいてきたとき、競走馬たちはすでに先頭グループと後方のグループに分かれていた。先頭グループの九頭が通過すると、後方グループが到着するまでにはしばらく時間があった。国王の馬、アンマーを含む第二グループの馬たちがトップスピードで近づいてきた。興奮した人々が白い手すりから身を乗り出す。警官が人々に後ろに下がるように叫んでいた。

そのとき、身をかがめて白い手すりの下を潜り抜け、コースの中に歩き出た細身で長身の女性がいた。

このときのエミリーの姿は、二〇一三年にチャンネル4が放送した映像で百年が過ぎたいまでも確認することができる(報道三社が違うアングルから撮った映像を修復・分析したこのクリップはYouTubeでも公開されている)。この映像を見て驚くのは、スタスタと、本当にスタスタとエミリーがコースを歩いていることだ。闘志を漲らせて走り出すわけでもなければ、競走馬のスピードに身をすくめたり、後ずさりする一瞬すらない。異様なほど冷静にコースに歩き出ていて、まるで馬などそこを走っていないかのようだ。

何頭かの馬の間をするり、するりと通り抜け、エミリーはまっすぐに国王の馬、アンマーに手を伸ばす。そして次の瞬間には馬に跳ね飛ばされて地面に倒れている。

とっさのことにエミリーを飛び越えようとした馬も彼女にぶつかってバランスを失って転倒し、ジョッキーのハーバート・ジョーンズも落馬して地面に叩きつけられた。

エミリーはコースに歩き出たとき、片手に何かを握っていた。それは、スカーフ状の細長いWSPUの旗(白とグリーンと紫のサフラジェット・カラーがストライプ状に施されている)で、エミリーはそれを国王の馬に付けようとしていたという説もある。チャンネル4の映像分析にあたった専門家たちは、彼女が立っていた位置からは次にコーナーを曲がってくる馬がよく見えた確率は高いとし、国王の馬を確認してエミリーがコースに出て行った可能性は十分にあると結論づけた。

エミリーはダービーの前日、ロンドンのケンジントンで行われたサフラジェットのイベントを訪れ、その帰りにWSPUのオフィスに立ち寄り、スカーフ状の旗を二枚分けてもらっていた。何に使うかと聞かれたエミリーは、ただ悪戯っぽく笑っていたという。

警察が発表したエミリーの所持品リストによれば、このときの旗は二つとも畳んで彼女の上着の内側にピンで留めてあったことになっている。しかし、彼女が転倒したときに落とした旗を拾ったという人物も存在し、のちにそれがサザビーズでオークションにかけられて、現在、英国議会にディスプレイされているが、この旗は警察の記録に残された旗とはサイズが違う。エミリーが第三の旗を持っていたのか、または別の何かを握りしめていたのか、それはいまでもわからない。

彼女は倒れたまま動かなかった。恐ろしい沈黙が数分間も続いたように感じられました。そして突然、激怒した人々の怒鳴り声や叫びが湧き上がって、人々がレースコースに出て来ました。私が恐くて動けないでいると、一人の男性が、私が握りしめていたサフラジェットの新聞を取り上げて、それで私の顔を叩きました。（同前）

前述のメアリー・リチャードソンはそう記録している。

実際、競馬場にいた人々はエミリーの身を案じるより、突飛な行動で国王の馬とジョッキーを危険な目に遭わせた彼女への怒りを爆発させていた。「彼女はもちろん重症を負ったが、そうでなければ、群衆の手にかかってもっとひどい目に遭ったかもしれない」とデイリー・ミラー紙は伝え、群衆には「彼女をリンチしたいという明らかな欲望」があったとはっきり書いている。

だが、すでに意識不明になっていたエミリーはすぐに車に乗せられて病院に搬送された。

ロイヤルボックスにもすぐに報せが入った。国王ジョージ五世は、名ジョッキーの誉れ高いジョーンズが落馬したと聞いてショックを受け、ロイヤルボックスから降りてジョッキー・クラブのテラスにわざわざ様子を聞きに行っている。そしてお気に入りのジョッキーの命に別状のないことを知らされると、警察の責任者に彼の容態を逐一自分に報告するようにと言いつけた。メアリー妃の最初の言葉も「かわいそうなジョーンズ」であり、のちに療養中の彼に送った電報には「気の狂った残忍な女性の憎むべき行為によって起きた悲しい事故」と書かれていた。彼らはエミリーが重態だと知らされても、何の同情も示さなかったという。

ジョッキーのジョーンズだけでなく、国王の馬、アンマーも負傷はしたが大事には至らなかった。もしも亡くなったのがジョーンズや馬で、エミリーが生き残っていたら、歴史上の彼女の評価はどうなっていただろう。もちろん女性参政権運動の殉教者と呼ばれることはなかったし、エメリン・パンクハーストなどからジャンヌ・ダルクの再来のように賞賛されることもなかったろう。逆に、サフラジェットの恥さらしとして競馬場での行動を全否定され、完全に縁を絶たれていたのではないだろうか。

病院のエミリーのベッドの脇には「この手紙をエミリーに渡してください」と書かれた封筒が置かれていた。それは彼女の母親からの手紙だった。

あなたがこんな恐ろしい行動を取ってしまったなんて信じられません。私はあなたが「目的」のために魂のすべてを捧げてきたことを知っています。そのためにしたことであったとしても、それはあなたにほとんど何の見返りもくれなかったのに。

(同前)

最後の一文はずっとエミリーを疎んじてきたWSPU幹部たちへの皮肉とも取れる。「狂気」「狂信者」「見境のない」「発狂」「気がおかしい」などの言葉を使って新聞はエミリーの行動を報じた。サフラジェットたちに「マッド・エミリー」の愛称で呼ばれた彼女は、いまや国中の人々から「マッド・ウーマン」と呼ばれていた。

病院にはサフラジェットの仲間たちも数人かけつけていた。その中にはエミリーと特別な関係だったと言われているメアリー・リーの姿もあった。多くの友人やサフラジェットたちから病院に問い合わせや励ましの手紙が寄せられた。しかし、その中には見知らぬ人々からのヘイト・レターも多く含まれていた。

ダービーでの事故の翌日、六月五日の日付で送られた手紙にはこんなことが書かれている。

「お前が病院にいると知ってうれしい。死ぬまで拷問に苦しめ。バカ」

「お前のやったことを考えれば、お前はこの世に存在する価値もない人間だ」

「お前を飢えさせ、ぼろぼろになるまで殴りたい」

「お前のようなやつらは精神病院に入れ」

ツイッターの書き込みかと思うような文面を書いた人物は「あるイングランド人の男」と名乗っている。

別の人物からの手紙にはこう書かれている。

「心からご快復をお祈りいたします、ってその可能性があるということが残念だよ。お前の意識が完全に戻るとき、お前に神と人の法を破らせた気違いじみた狂信がその貧弱な脳から消えているだろう」(John Sleight, *One-way Ticket to Epsom*)

いまでこそエミリーの死は女性参政権運動の闘士の悲劇的な死として受け取られているが、当時の多くの人々にとっては、自爆テロの企てに失敗して死にかけているカルト信者、ぐらいの印象しかなかったのだ。エミリーが入院したエプソム・コテージ病院には、怒れる市民から彼女の身を守るために警察官が派遣されていた。

女性参政権を求める男性たちの団体「Men's Suffrage League for Women's Suffrage」のメンバーであり、エミリーのサフラジェット仲間イーディスの夫でもある医師、チャールズ・マンセル・ムーランが六月六日にエミリーの頭蓋骨の手術を行った。が、エミリーの意識は回復することなく、六月八日午後四時五十分、頭蓋骨骨折と複数の内傷で息を引き取った。

「私たちは亡くなった同志の死を悼みます。なぜなら、悼むことは人間的だから。しかし同時に、私たちは彼女の素晴らしいヒロイズムを祝賀します」という声明をエメリン・パンクハーストは発表した。

以降、WSPUはエミリーの死を大々的に宣伝し、あたかも自殺がサフラジェットの究極の犠牲であるかのような美化と神聖化を行っていく。殉教者は、どんな宗教や思想にとっても役に立つものなのだ。

一番エミリーに似合うと思う追悼の文句は、サフラジェット仲間のバーサ・アイルトンの言葉だ。


「マッド？　そうよ！　あの神がかったマッドネスが世界を作り変えるのよ」

(John Sleight 前掲書)

六月十日にエプソム裁判所で行われたエミリーの死因審問には、エミリーの異母兄、ヘンリーが出席した。海軍大佐のヘンリーは、「彼女に精神的異常があるのではと考えてしまったようなことは何かありましたか？」と聞かれて、「何もありません」とはっきり答え、「彼女は、話すことと書くことに相当な才能がありました」と述べた。ヘンリーは、エミリーはダービーでサフラジェットの運動を宣伝しようとしたのであり、あれは事故だったのだと発言した。妹はその危険性を十分承知していたが、あえてそのリスクを冒したのであり、それでも自分は助かると思っていたに違いないと彼は信じていた。

陪審員は、エミリーの死因を「偶発事故」として結論づけた。エミリーは、レースを妨害するつもりだっただけで、国王の馬がどれか判別できなかったはずであり、彼女が国王の馬と衝突したのも、それによって命を落としたのも、単なる偶然であったという見解で一致したのだ。「偶発事故」だったのか、「自殺」だったのか、というエミリーの死をめぐる論争は今日まで続いている。

当時の馬は現在の自動車のようなものだったので、その前に飛び込むことが何を意味するか、エミリーが認識していなかったはずはない。さらに、上着の内側にＷＳＰＵの旗がピンで固定されていたということは、自分の身に何かが起きたときのことをエミリーは十分に想定していたということを示しているだろう。

エミリーは、たとえ自分で喋れない体になっても、これは女性の権利のために闘った人間の体だということを、自分の体の処理をする人に知ってもらいたかったのではないだろうか。

死んだ体が雄弁に何かを語り、生きているときより生きることはあるからだ。

逆に言えば、**動いている体が生きているとは限らない。**

私は答える――

生きるとはただ動く、ということじゃない。

自分の意志で動く、ということである。〔略〕したがって自分の意志で動いたとき、それがよし肉体を破滅に導こうとも。それは生の否定ではない。肯定である――と。

「なぜ転向しないのか」という役人たちの疑問に答えるため、文子は獄中でこう書いている。

死んでも転向はしません。それは思想のためでも、理想のためでもなく、私が死ぬことを意味するからです。私は私自身を生きることに命をかける、と文子は言っているのだ。

だから、文子と朴烈が獄中結婚をしたのもロマンティックな思いつきではなかった。文子の遺骨の引き取り人が必要だったのである。

ニヒリストの最後に死を急いだ朴烈文子はその遺骸の覚悟に関し、当時、文子の父も母もこれを引き取つてくれようとは思はれず、また引き取つてくれようといふ同志の人には、刑務当局が引渡してくれさうもなし、結局、宙に迷ふ文子の遺骸を、合法的に引取る引取人をつくるために結婚届を出した、真に悲壮凄惨な結婚届だつたのである。

（布施辰治、張祥重、鄭泰成『運命の勝利者朴烈』）

文子は朝鮮にいる朴烈の家族に何度か手紙を送っていた。文子と朴が獄中結婚したときの家族の反応について、朴の兄の息子が『余白の春』の中で瀬戸内寂聴にこう語っている。

「仕方がないし、それに文子さんの手紙でやさしい人だとわかったのでみんな安心してたようです。だから文子さんが死んだ時も、父や母は自分の身内が死んだと思っていました。文子さんが自分が死んだら、朴家のお墓に入れてくれと、いつも手紙に書いて来ていたから、律義な父はそれを守ったのです」

朝鮮で育った子ども時代、祖母と叔母から虐待され、食事も与えてもらえず飢えていたときに、「麦御飯でよければ、おあがりになりませんか」と優しく言ってくれたのは朝鮮人の集落のおかみさんだけだった。あの頃から、文子を受け入れてくれるのはいつも朝鮮の人々だったのである。生まれた国が自分を愛してくれるとは限らない。文子にとり、日本はいつだって朝鮮より遠い国だった。

一九二六年二月二十六日、刑法第七十三条（大逆罪）と爆発物取締罰則違反容疑で起訴された朴烈と金子文子の大審院公判が始まった。

朴と文子はその直前に、弁護士を通して四つの要求を裁判所に突き付けていた。これらの要求は、当時の媒体によって伝えている内容が微妙に違っていて、朝鮮礼服の着用、朝鮮語の使用、被告席と判事席を同じ高さにする、法廷に立つ自己宣言文朗読の許可、だったという記録もあるし、法廷で二人を「被告」と呼ばないことを要求したという記録もある。いずれにせよ、二人が法廷を自分たちの思想を宣言するパフォーマンスの舞台と考えていたのは明らかで、朴は裁判を民族闘争の場にしようと決めたのだ。

ちなみに、朝鮮礼服の着用許可の要求についても、二人の私選弁護士の一人だった布施辰治は、朴は朝鮮の王冠、王衣の着用許可を求めていたと言っていた。が、山田昭次は『金子文子』の中で、反権力主義者だった朴が王の格好をしたがったというのは考えにくいと書いている。

同じように、朴は李朝時代には両班《ヤンバン》(官僚階層)の家柄だった一族の出身だから礼服を着たという説もあるが、朴烈が法廷で朗読した「俺の宣言」には、民族差別の問題だけでなく、支配者・富者の民衆に対する支配と搾取に対する批判も組み込まれていたことを考えれば、アナキストの朴が自分の血筋に誇りを感じてエスタブリッシュメントの格好をしたがったというのは辻褄が合わない。

むしろ朴は、粗末な着物を着て地べたを這うように生きる自らを犬ころ(ケーセッキ)というスウェア・ワード(つまりシットとかファッカーとか)で呼ぶことができるほど底辺民であることに逆説的誇りを感じている人間ではなかったか。

だから私はむしろ、映画『金子文子と朴烈』の、文子がチマチョゴリを着てチェーホフの短編集を携えて入廷したときに眼鏡を大げさに押し上げてみせるシーンや、朝鮮礼服を身にまとい、大きな冠を被って出て来た朴を見てウケている同志たちの描写が好きだ。彼らは「不逞の輩」、どこまでもふてえやつらだったと思いたい。法廷がパフォーマンスの舞台なら、朝鮮礼服は民族闘争のためのステージ衣装、つまりコスプレだ。

しかしそれは若い生命をかけた一世一代のコスプレでもあった。ときにユーモアは、生きるか死ぬかのデスパレートな状況から力強く立ち上がる。

この線の太いユーモアは文子も持っていたものだ。実は文子と朴の公判は二月二十六日より前に開廷予定になっていたのだが、文子が体調（生理がはじまったのだろう）を理由に出廷を拒否したので延期になっている。そのときに彼女が裁判長宛てに書いた公判出廷拒否状もちょっと笑える。

私の方ではちゃんといったのだが、オカミの方で聴かねえで、勝手にきめちゃったのだ。したがって私の知ったことじゃない。十六、十七両日あいにくと身体の具合がいけなくて気分が悪いので、私は行かない。梃子《てこ》を持って来ても動かねい。そのつもりで。

公平を装う裁判官諸君――金子フミに係わる刑法第七十三条の罪並びに爆発物取締罰則違犯被告事件は被告人なしで何とでもおカミのいくように裁判したまえ。

千九百二十六年二月十五日朝。
柏布団にくるまって
金子フミ

裁判長　牧野菊之助殿。

現在でも女性の生理というのはなかなか言い出しにくいものであり、女性特有の生理現象ぐらい自己責任で何とかしろという暗黙の了解が日本社会にはあるが、文子は「私は行かない。そのつもりで」と高飛車に裁判長殿に言いつけている。こっちもまたふてえ女だ。

裁判所に朴と文子が突き付けた要求の話に戻ると、要求の中には認められたものも、認められなかったものもあった。また、朴が撤回したものもあり、結局、大審院が許可したのは、朝鮮礼服の着用と宣言文朗読だった。

裁判当日は、早朝から傍聴を求める人々が裁判所で待っていた。朝鮮人や日本人の支援者が五百人ほど詰めかけていたと言われているが、実際に入廷を許されたのは百五十人だけだった。

朴は、裁判長による「姓名」「住所」「年齢」などの人定訊問に朝鮮語で答えた。明らかに天皇制国家に対する民族的抵抗の姿勢を取っていたのだ。

続けて文子にも人定訊問を行った後で、裁判長はなぜかこの公判傍聴は「安寧秩序を乱す恐れ」があるとして、一方的に一般傍聴の禁止を宣言して休憩に入った。開廷わずか六分後のことだったという。

朴と文子の支援者たちはこれに憤慨するが、暴力的に外に出され、退廷を拒否した十三名の傍聴人が検束された。法廷から追い出された一般の傍聴人に代わって入ってきたのは、官吏らを含む特別傍聴人たちだった。

九時四十分に再び開廷されると、私選弁護人の布施辰治らは一般傍聴人に公開されない裁判を行うことはアンフェアだと異議を申し立てたが、却下されている。

公判が再開すると、朴は、「所謂裁判に対する俺の態度」をまず朗読した。

人間の体、生命、財産、自由を絶えず侵害する国家の裁判官がフェアな判決など下すわけがないので、俺が法廷に立つのは裁きを受けるためでなく、自分自身を正しく宣言するためだよ、という考えを述べて、はなから日本の司法制度など信じていないこと、この裁判は俺が俺の思想を伝えるためのステージだと考えていること、を不敵に宣言したのだ。

さらにこのとき、朴は監獄で書き上げた「俺の宣言」を読み上げている。これは朴の虚無主義的な価値観が書かれたもので、人間の本性であり大自然の法則である弱肉強食に反逆し、それをなくそうとするのなら全人類を滅亡させるという考え方に行き着くしかないだろ、というニヒリスティックな世界観を述べるものだった。

天皇と皇太子に危害を与えようとするのはどうした考えからなのかという質問に対しては、朴は「一不逞鮮人より日本の権力者階級に与う」という文章を朗読する形で答えた。

一方、文子はこの日、法廷でとても興味深い発言をしている。

文子はこれまで金重漢との交渉の件には自分も関与していたと主張していたが、ここにきて、交渉は朴が一人でやったことで、自分は何も知らなかったと言ったのだ。よって今回の事件が破綻した責任は自分にはなく、自分は内面的な事情からその犠牲になろうとしている、と文子は発言した。つまり、公判になって以前の陳述をざっくり翻したのである。

裁判所は、この発言は意味がよくわからないので、文書にして書いてくるように文子に要求した。それで公判初日の二十六日の夜半、文子は、長い、長い回答文をしたためる。

明けて二十七日の公判の法廷で文子が朗読したのが、このときに書いた文章だ。

初日とは違って、公判二日目は朴も文子も日本服を着ていた。民族闘争のコスプレの熱から醒めたように、文子は自分という人間、自分の生き方、誰にも侵されざる自分、ほかの誰にもなるべくもない自分について語り、徹底した自主自治主義の思想を滔々と宣言する。このときの文章には金子文子のエッセンスがみっしりと詰まっている。

文子は、この文章の中で、彼女が生涯を通じて探し続けてきた「私の仕事」についても、それはミッションとか呼ばれるものとは別物なんだよと宣言した。

したがって私は人間の上に、いな自分の上に「天職」とか「使命」とかいうものを認めません。つまり「自分は今こうやりたいからこうやる」これが私にとって自分の行為を律すべく唯一つの法則であり、命令です。もっとわかりやすくいうと、私の行為すべては、「私自身そうしたいからそうする」というだけのことであって、他人に対しては「そうせねばならん」とも「そうあるべきだ」ともいいません。私は思うんです。私が私自身のことを考え、私自身の道を歩むために、私自身の頭と足を持ってるように、他人もまた自分の頭と足とをもってるはずだ。〔略〕そこで私は他から見た何主義だか、何思想だか私は知らない。私が知っていることは「自分はこう思っている」というだけだ。

文子は文中で、この時点での自分の思想は個人主義的無政府主義と呼んでいいのではないかと書いている。が、その呼称にしたって、人が何かのレッテルを貼らないと理解できないというので一番近いんじゃないかと思うものを自分で貼ってやってるだけで、そもそもそんなカテゴライズに私個人は何らの関心もなく、ただ私が知りたいのは「いま自分は何を考えているのか」ということだけだ。自分はいまどうしたいのか、自分はひょっとすると他人や社会や権力やわけのわからない空気による「こうあらねばならぬ」に動かされているのではないか、私はほんとうに自分の頭と足で、それのみで歩くことをしているだろうか、というそのことだけが私にとっては重要なのだと文子は言っているのだ。

だから何主義とか何思想とかいうグルーピングにはほんとは一ミリだって束縛されたくないん

だよ、という自分の立場を明らかにした後で、文子は役人から「軽薄である」と言われたことについても言及する。いわゆる「思慮深いネオ・インテリゲンチャ」たちから、文子はよくそう言われてきたというのだ。

しかし私はその人たちに伺いたい。現に自分の考えていることが、果して間違っているか否《いな》かと試験するにはいかがいたしたらよろしうございましょうか——と。あいにくと私どもは、私は『自分で実行して見よ』という以外には、それを試すべく適当な方法を持ち合わせていません。〔略〕□□《（不明）》義して言葉や、立派な論理が私の前に市をなしている。だが実行できないような言葉じゃしょうがない。実行の試練を経てこそ、そこにはじめてよりシッカリしたものは生れる。だから私はずんずん実行して見ます。

思想を体で読んでいく金子文子の真骨頂がここにある。

だからこそ彼女の思想は本に印刷されている言葉のように固定された不動のものではない。実践と経験に立脚した思想は時間とともに流動的に流れ、変わるのが当然であり、よって文子が「いま考えていること」が、「明日考えていること」とは言えないのであって、その場合に文子は「私は昨日間違っていた」とは言わない、と書いている。そしてそのことについて自分は他人に謝罪もしないし、する義務もないと宣言している。

その意味で、文子は自分でも書いている通り、理想主義者ではなく、リアリストだが、彼女の考えていることが固定的でなく、変わり続ける理由についてこう書いている。

で、私は自分の考えていることはどこまでも頭の及ぶ限り疑います。疑おうとしています。
それは自分のためです。

だから朴との関係も、奇跡のロマンスとか、永遠不変の愛などではなかった。文子のほうではそのこともまた自分の頭の及ぶ限り、自分のために疑っていた。

それで、私はこの事件が発覚して後、気がついたのです。私は自分に疑いをもつそのとき、どこまでも自分を追求すべき〔で〕あった。そしたら私は多分朴との間に隔たりを見たろう。朴と私とは一緒にいた。だが、それは二人の生活ではない。一人と一人の生活である。どんな個性にも他の個性を吸収してしまう権利はない。朴が朴の道を歩むように、私は私の道を歩む。自分の世界にあっては自分が絶対だ。私が自分の道を、誰にも邪魔されず、まっすぐに歩みつづけるためには、私はひとりになるべきだったのだ、と。

文子は朴と袂を分かつことも考えていたのだ。実はこの文中には二度、イプセンの「人形の家」が言及されている。一度目は、朴が文子に相談せずに自分の独断で金重漢に爆弾入手を相談したために失敗し、自分はいわば他人の過失の犠牲になろうとしているのだと述べたときに、「人形の家」のヘルマン（ヘルメル）のことを思い出したと書いている。

そして、「私の身内には過去の苦しい境遇に鍛え上げられた力強い生命が高鳴って」いるから、他者の失敗の犠牲になるより、たとえ同志たち全員に背を向けられても役人に改悛の情を示し、自由の身になりたいとも考えたと赤裸々に書いた箇所で、「ノラは人形の家を捨てた。それだけでよいんだ」と思ったと告白している。

チマチョゴリを着て法廷に立った文子は、朴の民族的抵抗と陣営を同じくすることを決意したが、同時に自主自治の思想とのはざまで揺れていたのだ。

が、文子は人形の家を捨てなかった。それは、朴への恋情が自由への渇望に勝っていたからなどという単純な話ではない。ここまで透徹した「思考する女」にそれはなかっただろう。

そうではなく、彼女は大逆を生きていたからだ。それは思想や信条ではなく、彼女のなまなましい血と肉だった。

人はみな人であり人として平等に生まれたという直感を頭ではなく肉体に宿している文子にとり、この世に優民と劣民を作る欺瞞の大本にあるものが天皇制だった。それこそが生涯を通じて彼女を劣民にしてきたものだった。ならば、誰が失敗したとか、巻き添えを食うとか、そんな手続き上のことはもうどうでもいい。我々は地べたの犬ころの分際で天皇制と戦っている希代のバ力者たち、魂の同志だ。一人では死なせないぜ、ブラザー。

私は朴を知っている。朴を愛している。彼におけるすべての過失とすべての欠点とを越えて、私は朴を愛する。私は今、朴が私の上に及ぼした過誤のすべてを無条件で認める。そして朴の仲間に対してはいおう。私はこの事件がばかげて見えるのなら、どうか二人を嗤《わら》ってくれ。それは二人のことなのだ。そしてお役人に対してはいおう。どうか二人を一緒にギロチンに放り上げてくれ。朴とともに死ぬるなら、私は満足しよう。して朴にはいおう。よしんばお役人の宣告が二人を引き分けても、私は決してあなたを一人死なせてはおかないつもりです。――と。

瀬戸内寂聴は、ここまで堂々としたラブレターを法廷で恋人に向かって読み上げた女性は世界中探しても文子だけなんじゃないかと『余白の春』に書いた。

しかし、「あなたが死んだら私は生きていけない」とか、「死は私たちを分かつことはできない」とか、そういう恋文らしい湿った文句を文子は口にしなかった。

彼女は「あなたを一人では死なせない」と言ったのだ。

これはロマンスというより、どちらかといえば戦場で共に闘う友にかけるような言葉だ。

この男なら、この同志なら、共に死ぬに足る。文子は、男としてだけでなく、戦友としても朴に惚れていた。

そして天皇制こそが闘って死ぬに足る究極の敵だったのだ。

三月二十五日、判決公判で二人に死刑が言い渡されたとき、文子は「万歳！」と叫んだ。

朴は「裁判長御苦労であった」と言ったとも、朝鮮語で裁判長を叱責したとも、また「裁判は愚弄なる劇だ」と言ったとも伝えられている。

法廷から連れ去られる朴の姿を文子は目で追った。命がけで戦った同志の姿を、彼女の人生において唯一無二の男の姿を、瞳に焼き付けておきたかった。

判決にどよめく法廷は、文子にはしんと静まり返った冷たい戦場の跡に見えた。

裁判での**闘争の火は消えた**。ここからは孤独が始まる。

戦火の消えた街にマーガレットはひとり立っていた。

退院し、ダブリンの友人宅に世話になるようになって、初めてイースター蜂起終結後の街を見に来たのだ。

何もかもがすっかり変わってしまっていた。

ダブリンは深い傷を負い、血を流しているように見えた。

あれほど活気のあったリバティ・ホールはがらんと人気もなく、そこには残っているのは処刑された同志や刑務所にいる友たちとの思い出だけだった。

蜂起軍の本部だった中央郵便局は元のままの姿でどっしりとそこに立っていた。それはイースター蜂起の記念碑のようだった。あの建物の前で共和国臨時政府大統領のパトリック・ピアースが、私たちの独立宣言を読み上げたのだ。私たち自身の臨時政府が、共和国の行政と軍事を執り行うと宣言したのだ。

だが、もうパトリック・ピアースはこの世にはいない。共和国の旗も翻っていない。すべてが一週間のうちに終了した。まるで夢を見ているようだった。でも現実に、ダブリンの街は見る影もなく破壊されている。

マーガレットがマダムやマリン司令官と一緒に戦った王立外科医学院にも行ってみた。彼らはそこで何も破壊しなかった。ヴィクトリア女王の肖像画を除けば。肖像画を壁から外して負傷した兵士の脚や腕に巻くためのゲートルを作ったのだ。ヴィクトリア女王は、叔父だったベルギー王レオポルド一世に「アイルランドの反乱を潰す手段はたくさんあります。戦わずに潰すことになるでしょうから、人々はひどく後悔するでしょう（そしてそれは正しいことです）。アイルランド人にはこっぴどく教えておかないといけません。さもなくば、また始めるでしょうから」と手紙に書いて送ったことがある。彼女は常にアイルランド人を異国人と見なしていた。ならばアイルランド人にとってもあれは異国の女王の絵だ。壊して切り刻んだってどうってことはない。

兵士たちは王立外科医学院内の博物館や図書館の所蔵物も傷めないように細心の注意を払った。どんなにそこで夜を過ごすのが辛くても、寒くて眠れなくても、絨毯を切り刻んでブランケット代わりに体にかける者などいなかった。

蜂起軍が拠点に使ったジェイコブズ・ビスケット工場でも機械は無傷だった。工場が破壊されたら失業すると心配して戦況を見に来た労働者たちの気持ちを兵士たちは知っていた。蜂起軍は常に彼らの側にいた。ギネス醸造所でも、おびただしい量のギネスが保存されていたにもかかわらず、口をつけたり盗んだりした兵士はいなかった。

蜂起の混乱に乗じて、ストリートの商店から収奪を試みた貧しい人々もいた。メッセンジャーとして自転車で市内を走っていたとき、マーガレットは靴屋のガラスを打ち割って中に入っている人々を見た。可笑しかったのは、収奪者たちがいちいち靴を試着してから盗んでいたことだった。貧民街には靴なんか見たこともない人々もいたのだ。ダブリンの貧困区に案内された人々がいつも驚いたのは、舗道に氷が張るような寒い日でも子どもたちや若い女性たちが裸足で歩いていたことだった。

退院してまもなく、マーガレットは拘束されていた蜂起軍の兵士たちがイングランドの刑務所にボートで移送されると知った。ボートはノース・ウォールという埠頭から出発するという。マーガレットはいてもたってもいられなくなり、見に行くことにした。

それは激しい雨の降る日だった。英軍のリッチモンド兵舎から六マイル歩いて来た蜂起軍兵士たちは、まるで凱旋の行進でもあるかのように、レベル・ソング(英国に対する反乱・抵抗の心情を歌った民謡)を歌っていた。

その中には、マーガレットが知っている人々の姿もあった。隊列を護衛している英兵たちの間をすり抜け、マーガレットは彼ら一人一人と握手した。兵士たちの数人は、マーガレットの姿を見て幽霊でも見たような顔をした。彼女は死んだと思い込んでいたからだ。

驚いたことに、その中には蜂起に懐疑的だった劇作家の姿もあった。彼は、革命の愚かさを暴く風刺劇を書いているとマーガレットに話したことがあった。彼の親族の一人は蜂起軍の兵士として王立外科医学院でマーガレットたちと一緒に戦った。が、この劇作家は蜂起とは何の関係もないどころか、反対の立場を取っていたのだ。それなのに、なぜか彼まで逮捕され、投獄されてイングランドに移送されるところだった。

その劇作家から彼の母親へのメッセージを託されたマーガレットは、その翌朝、教えられた住所に彼の母親を訪ねて行った。息子はまだリッチモンドの兵舎に拘置されていると思い込んでいる母親は、面会で息子に差し入れするためマーケットで果物を買って帰ってきたところだった。息子はイングランドの刑務所に移送されたと知ると、物静かな母親は涙に暮れ、次に世の全てを凍らせてしまうような憤怒の表情を見せた。

苦く、黒く、冷たい燃え滓の周縁から、じりじりと再びくすぶり始めた凍るような怒りの炎。母親の顔にそんな新たな炎の片鱗を見たような気がした。

マーガレットはすぐにでもスコットランドの家族のもとへ帰りたかったが、英国総督府からの許可証がなければ渡航することはできない。この許可証は、本人が英国総督府で申請しなければ貰えないことになっていた。

友人たちは、ライオンの口に頭から突っ込んで行くような無謀な行為だと言って反対したが、マーガレットは単身でダブリン城の英国総督府に乗り込んで行った。

最初に通された部屋では警察官と面接させられた。いくつか質問をされたが、マーガレットのスコットランド訛りの英語がすっかり彼の警戒心を解いたようだった。

「いつダブリンに来たのかね？」

と聞かれたのでマーガレットは答えた。

「聖木曜日です」

「じゃあ蜂起の週、ずっと君はここにいたのか？」

「はい」

「あれはひどかったよな！」

警察官はそう言った。すぐに彼は許可証をくれたが、それはダブリンを離れる許しではなく、英軍の担当官に会うための許可証だった。ヤバイことになってきたなと思いながらマーガレットは顎を上げて部屋を出て、廊下に立っていた兵士にどこに行けばいいのか聞いた。

「名前は？」

「この許可証に書いてあります」

マーガレットは警察官にもらった許可証を見せた。しかし、兵士はそれを見ようともしない。しかたがないので口頭で名前を告げると、英軍の担当官たちがいる部屋に案内された。蜂起軍の一人だと見破られるのではないかとさすがに緊張したが、そこで尋ねられた質問は警察官に聞かれたこととまるで同じだった。だからマーガレットもまったく同じ答えを返した。

私は聖木曜日にダブリンに来て、蜂起の週、ずっとここにいました。

それは本当のことだったからだ。

そこで彼女が銃を取って英兵を撃ちまくったことや、爆弾をしかけに行って英兵の銃弾に倒れたことを、この人たちは知らない。

ただ、彼らもマーガレットも知っていることは、そこで戦った蜂起軍の兵士たちが英軍に捕捉され、処刑され、監獄に入れられ、家族にも知らされずにイングランドに連れて行かれていることだった。

マーガレットは無事に許可証を手にして、ダブリンを後にし、いったんスコットランドに戻った。そして密かにイングランドに行き、ダブリンから移送されてレディング刑務所にいる蜂起軍の兵士たちに会いに行っている。スコットランドの刑務所にも二百人あまりの兵士たちがダブリンから移送されてきたが、彼らはほんの短い間そこにいただけで、すぐウェールズに移送された。グラスゴーに住む多くのアイルランド人たちや、スコットランド人のサフラジェットたちが蜂起軍兵士の囚人たちに強いシンパシーを示し、面会や差し入れの申し込みが殺到したからである。

蜂起のほとぼりもさめた八月、マーガレットは再びダブリンの土を踏んだ。

またもや、そこでは何もかもがすっかり変わってしまっていた。

路上を歩くダブリンの人々が、みんなアイルランド共和国のシンボルカラー、緑と白とオレンジを身に着けて歩いていたのである。イースター蜂起の週に中央郵便局や王立外科医学院の屋根に翻っていた共和国の旗の色が、いまやダブリンの街中を歩き回っていたのだ。

マーガレットは、蜂起に参加していないのに逮捕されてイングランドに移送された劇作家の母親の顔を思い出した。

苦く、黒く、悲しい燃え滓の周縁から、じりじりと再びくすぶり始めた怒りの炎。それがどんどん中心に向かって広がり始めた。蜂起軍が銃を撃たなくても、爆弾をぶっ放さなくても、その火はこの国を支配している者たちを目指し力強く広がっていた。

こうした不穏な空気を受けてか、英軍の兵士たちは、単独でなく、必ず五、六人の小隊でダブリン市内を歩き回るようになっていた。彼らは細い裏道を通らないよう言いつけられ、見回りに出るとき以外は、暗くなる前に兵舎に戻るように命じられていた。ダブリンはまだ英軍の支配下にあったが、軍の幹部たちは市民の変化にかなりビビっているようだった。

蜂起がもう少し長く続いていたら、志願兵がぞくぞくと蜂起軍に参加したに違いないと人々が話しているのをマーガレットは市内のあちこちで聞いた。あまりに突然に蜂起が勃発し、驚いているうちにそれは終わっていたというのである。

確かにスマホやインターネットも、テレビすらない時代に情報が伝わるのは時間がかかる。蜂起が起きたこと自体を知るまでに数日かかった地域もあったろうし、誰が、どういう目的でやっているのかという情報も交錯し、ようやく本当のことがわかった頃には終わっていた、ぐらいの長さが当時の一週間である。だが、そのたった一週間の蜂起のために、英国政府が十六人ものアイルランド人を処刑したということの衝撃は、時の経過とともに激しい怒りに変わり、人々はもはや英国への憎悪を隠そうともしていなかった。

マーガレットは、イタリアのナショナリストたちによる蜂起をテーマにした映画が大ヒットしていると聞き、それを見に行った。観客たちのナショナリストたちへの共鳴は明らかだった。蜂起の指導者が銃殺されるシーンでは罵声が上がった。

学校に通っている子どもたちさえ闘い始めていた。

学童はアイルランド共和国のシンボルカラーを身に着けて登校するべからず、という英国からの命令が出たため、ストライキを行った子どもたちがいた。教員たちがこの新たな規則を発表した翌日、これに従った生徒たちも数人いたが、他の生徒たちは白い服を着て、髪や帽子にグリーンやオレンジのリボンをつけて現れた。だが、これも禁止されると、ダブリンのある学校に通っている子どもたちが一団となって街を行進し、ダブリン中の学校に行って生徒たちにストライキを行うよう呼びかけた。そしてこの呼びかけに従わない学校があれば、投石して窓ガラスを打ち割った。警察がかけつける騒ぎになったが、子どもたちはマウントジョイ・スクウェアに集結し、舗装用の敷石を投げてこれに抵抗した。結局、子どもたちの要求は聞き入れられ、好きなだけ共和国カラーのスカーフやバッジを身に着けて学校に行けることになったのだった。

蜂起終結直後に処刑されたパトリック・ピアースが運営していた学校、セント・エンダズ・スクールには、入学希望者が殺到し、多くの子どもたちがリストに名を連ねて順番を待っている状態だった。ピアースが心血を注いだ「アイルランド人の子どものための教育」がイースター蜂起と彼の死によって急に保護者たちの人気を集めているのだった。

新しい火が、目には見えない革命の炎が、ダブリンであかあかと燃えていますよ、マダム。

マーガレットは、いまはひっそりと静まり返ったマダムの邸宅の前に立っていた。

九か月前、すべてはここから始まったのだ。マーガレットはこの家に滞在している間に、イースター蜂起の首謀者たちを紹介されたのだった。

女主人のいないその屋敷は、閑散として寂しそうに見えた。マダムはイングランドのエールズベリー刑務所にいた。彼女をアイルランドの刑務所に入れておくと、そこで囚人たちを率いてまた物騒なことを企てる恐れがあると英軍が判断したため、イングランドに移送されたのだ。

マダムの妹がイングランドの刑務所に面会に行ったそうだが、とても元気だったそうで、キッチンで労働させられているおかげでいろいろなことを考えずに済むと言っていたらしい。「囚人帽はアイルランド人が頭に被る最も高貴な王冠だ」という諺が彼女は大好きだった。じっとしていられない性分のマダムは、囚人帽を被ってきっと活き活きと立ち働いているに違いない。

マダムは他の指導者たちと同じように死刑の宣告を受けたが、女性だという理由で減刑され、終身刑に処された。が、蜂起の翌年、一九一七年には大赦を受けて釈放された。そして、英国で女性参政権が初めて認められた一九一八年の総選挙で、アイルランドのダブリン市内の一選挙区からシン・フェイン党候補として立候補した。この選挙には、WSPUのエメリン・パンクハーストの長女クリスタベルをはじめ、全国で十七人の女性候補が出馬したが、当選を果たしたのは一人だった。英国初の女性国会議員、コンスタンス・マルキエビッチとは、マダムその人のことである。

とはいえ、マダムはウエストミンスターの国会議事堂には一度も登院しなかった。登院するためには英国王への忠誠宣言を行う必要があり、マダムは他のシン・フェインの議員たちと共にこれを拒否したからである。

一九二二年にアイルランド内戦が勃発すると、マダムは再び軍服に身を包み、凄腕の女スナイパーに変身する。シン・フェイン党のエイモン・デ・ヴァレラと共に英愛条約に反対する立場を取り、ダブリンのモランズ・ホテルに陣を取った守備隊で狙撃兵の一人として戦った。

兵士の一人が、自分が休憩に入るときに交代要員としてやってきたマダムを見たときの驚きをこう明かしている。

> 二、三時間もそこで止むことのない砲火を浴びていたので疲れ切っていたが、女性が自分の交代要員になると考えるだけで嫌だった。だが、マダムは手を振って僕を脇に退かせた。
> (Sinead McCoole, *No Ordinary Women: Irish Female Activists in the Revolutionary Years 1900–1923*)

内戦後、マダムは米国を旅して回り、アイルランドに戻って一九二三年の総選挙で政界に復帰した。再三投獄されながらも、一九二七年に病院で亡くなるまで共和主義のために戦い、市井《しせい》の人々の生活を向上させるために働くことを止めなかった。
虫垂炎の手術を受けた後、腹膜炎も併発していて危険な容態であることがわかったとき、エイモン・デ・ヴァレラは彼女に一般病棟から個室に移るように勧めたが、マダムは拒否した。デ・ヴァレラはそのときのことをこう語っている。

彼女は僕に怒っていた。貧しい市井の人々にとって十分な病棟が、彼女にとっては十分でないと僕が言っているように感じたのだ。彼女はいつも労働者や恵まれない人々を助けてきた。彼女は彼らの側にいたかったのだ。

(Anne Haverty, *Constance Markievicz: Irish Revolutionary*)

彼は、彼女の葬儀で弔辞を読んだとき、「マダム、労働者の友、貧者の恋人」と彼女を呼んだ。
一方、マーガレットは一九一六年十二月に抑留を恐れて米国に渡り、アイルランド民族派の女性連盟 Cumann na mBan の宣伝活動をしながら各地を回った。その後、アイルランドに戻ってアイルランド義勇軍の志願兵たちを訓練したり、共和主義者としての立場からアイルランド独立戦争やアイルランド内戦でも戦った。二度の逮捕と投獄を経て、ダブリンで教職に就き、アイルランド全国教員組織(Irish National Teachers' Organisation、略称ＩＮＴＯ)のメンバーになったマーガレットは、一九五六年には同組合の委員長になった。特に女性教員の権利のために闘ったことで知られている。

二十一世紀の今日では、マーガレットはイースター蜂起で兵士として負傷した唯一の女性として、そしてマダムは英国の女性国会議員第一号としてその名を知られている。

彼女たちのことを考えるとき、思い出さずにいられないのはこの言葉だ。

短いスカートと履きやすいブーツで相応しい恰好をなさい。宝石と金の杖を銀行に預け、リボルバーを買いなさい。——コンスタンス・マルキエビッチ

(https://historycollection.co/international-womens-day-2018-11-rebellious-women-from-history/2/)

凄腕スナイパーたちは、いまダブリンのグラスネヴィン墓地内にあるリパブリカン・プロット(共和主義者共同墓地)で共に眠っている。母と娘のような、姉と妹のような、特別な**女どうしの絆**で結ばれた二人だった。

女と女の間に生まれる友愛の情を**シスターフッド**と呼ぶ。

ならば、文子は母親に対してそれに似たようなものを感じたことがあっただろうか。死刑判決が出た日、母親のきくのが市ヶ谷刑務所に戻ってきた文子に面会に来た。文子はこんな歌を書き残している。

詫び入りつ母は泣きけり我もまた訳も判らぬ涙に咽びき

（『獄窓に想ふ――金子ふみ子全歌集』）

母を東京に呼んだのは、弁護士の布施辰治だった。朝五時四十一分発の始発列車に乗って甲州から出て来たきくのは、またもや宿沢治作という人のもとへ嫁いでいた。常に男と一緒になることでしか生き延びる手段を持たないきくの。文子は彼女の生き方を憎んできた。寒い夜の戸外に幼い文子を放り出してはセックスに耽ったり、男と一緒になるのに邪魔になったらさっさと娘を捨てたりした母親だった。

文子は「世の親たちにこれを読んでもらいたい」と自伝を書いた。その中で自分が両親から受けた育児放棄や児童虐待の体験を赤裸々に明かした。予審でも母親のことを「ふしだら」「だらしなく無頓着」と評し、親のおかげで自分は虚無思想を持つようになったとまで言った。そして、親が子を換金しようとしたり(きくのは文子が子どものときに女郎として売ろうとした)、成長してからは育てた報酬を得ようとする点で、親子関係も所有欲の変体であり、弱肉強食の関係に過ぎないと喝破したのだった。

だが、なぜか文子は、そんな母親にいま温かな情を感じている。

つまるところ、母と娘は、いつまでも母と娘ではないのだ。その関係が逆転するときが来る。自分の娘が朝鮮人の内縁の夫と大逆罪で死刑になる、などという、田舎の人々にはとても耐えられないスケールのスキャンダルのため、きくのが嫁ぎ先で肩身の狭い思いをしていることは文子にも容易に想像できた。それでも母親なんだから普通は会いに来るだろ、という、子としての欲求はもう文子にはない。苦労しているのに、辛い立場に立っているだろうに、よく来てくれたね、という、むしろ母が娘を見るような視線になっているから「訳も判らぬ涙」に咽んでしまったのではないだろうか。

詫びる母の姿を見て泣きたくなるのは、文子もきくのも女だからだ。田舎の地べたの女が家父長制に絡めとられずに生きていくのがどれほど困難か文子には身に染みてわかっていた。男の暴力性もよく知っている。アンガー・マネジメントが必要な父親からは蹴り倒された。少女の頃、見知らぬ男を知人と勘違いして騙されてついて行き、性的暴行を受けた経験もある。

それでもそうした暴力に屈したくなかったから、文子は逃げ、全身で突っぱねて、自分自身の足で立って生きようとした。でも母にその強さはない。

立ち上がらない人間を、文子はもう責めない。抗い、戦って生きてきた自分とは違う、地べたで淡々と苦しみを受け入れて生きる女たちの姿に、文子はやさしい。それは獄中で彼女が書いた歌からも滲み出ている。

塩からきめざしあぶるよ
女看守のくらしもさして
楽にはあらまじ

（同前）


死刑判決の出た二十五日には、すでに文子と朴の恩赦に向かった動きが起きていた。だから布施辰治や文子の同志たちは、きくのに数日東京に留まっていくように勧めた。数日中に死刑が無期懲役に減刑されるかもしれないからだ。しかし、きくのは、婚家に気を遣って、急いで甲州に帰って行った。そうやって生きていく女だったのだ。

文子と朴の死刑判決は各新聞に号外で報じられたが、世論は賛否両方あって、文化人は証拠がないのに死刑はおかしいと反対する意見が多かったと松本清張は『昭和史発掘　一』で書いている。

実は死刑判決が出た二十五日午後には、すでに衆議院内で緊急閣議が開かれ、文子と朴を減刑にすべきではないかということが議論されていた。同日付で検事総長の小山松吉から「恩赦申立書」が提出されている。「小山個人の判断に基づいて書いたものではなく、小山が若槻内閣の政治的思惑を汲み取って書いたものであろう」(山田昭次『金子文子』)という申立書には、大きくまとめればこういうことが書いてあった。

本件は、皇室を対象とした事件ではあるが、被告人たちは帝国議会とか他の対象に爆弾を投げてもいいと思ってたとか言っているし、とくに皇室に対して怨恨感情を持っているわけでもなさそうだ。ただ、本人たちの育ちが貧乏だったり、恵まれない身の上だったりしたので、なんとなく社会や権力者にムカついてリヴェンジしようとしていただけで、皇室だけをピンポイントで狙っていたわけではない。

それに、事件の計画にしろ、いつ予定していたのかいまいち明確じゃなくていい加減だし、爆弾入手にも失敗しているし、そんな大それたことができるやつらには思えない。

さらに、文子は朴と同棲して彼の考え方に感化されて、女らしく恋人に従っているだけなんだから情状酌量の余地があるのでは? でも、そうは言っても文子だけ恩赦にしたら、なんで日本人だけ助けるんだとか、これは差別だ、レイシズムだ、とか言われてまた政治的に面倒なことになりそうだから、朴も同じ待遇にしたほうがたぶん得策だよね。

とまあ、そんな感じのことが書かれた申立書を受け取った司法大臣は、翌二十六日付で若槻礼次郎首相に恩赦を提案する上奏書を提出した。そこからは司法大臣と首相、司法次官、朝鮮総督などの間ですったもんだの協議が続く。

連日のように密談が行われた結果、四月五日には朴と文子への恩赦が発表される。

『大逆罪』の北村巌は、恩赦の決定が下された理由について、「『大逆事件』では幸徳たち一二名は恩赦とならずに死刑が強行されたが、今回は朴烈・文子両名とも恩赦となったのは何故なのだろうか。〔略〕それはたぶんに、他民族つまり朝鮮(人)問題があるからではなかろうかと考える。関東大震災後にあれほど朝鮮人の人々を虐殺したこともあり、ここでまた朴烈を処刑することへの反発を、日本の権力者たちは恐れての措置であったのではなかろうか」と推測している。山田昭次は『金子文子』の中で、「朴烈、金子文子を大逆罪犯人にすることで関東大震災時の朝鮮人虐殺の弁解材料とすることができても、他面では見えすいた政治裁判がもたらす朝鮮人の批判、反発を憂慮せざるを得ず、「恩赦」減刑による皇室の一視同仁の演出が行なわれたのであろう」と書いた。

一方、鶴見俊輔は、「裁判は、朴烈と金子ふみ子が皇太子暗殺の実行計画をもっていたことを立証し得なかった。爆弾とか銃とかがかれらの手もとにあったわけではなく、ましてや何月何日何時に皇太子を暗殺するという手はずができていたわけではない。この意味では、この裁判は朴烈と金子ふみ子の行動をさばいたのではなく、その思想をさばいたのである」と指摘する(『思想をつむぐ人たち』)。

つまり、「国家がその思想のために人を法で裁き、処刑する」という究極の統治の暴力を、朝鮮人に対して堂々と行使するのは時期的にヤバい、という判断だったのだろう。なんとなればそれは海外からやいやい批判されるだろうし、朝鮮の人々がこれに激怒してまた三・一運動みたいなことを起こさないとも限らないのである。

けれども、その反面、震災直後の朝鮮人虐殺を正当化するために、朴には「皇太子を爆弾で吹っ飛ばそうとしていた恐ろしい朝鮮人」役をやらせていたのだから、彼を極刑にしなければ国民が納得しないんじゃないかという懸念もある。が、当の天皇が広い御心でお許しになると言っておられるのですよ、なんて徳の高い、慈しみに満ちた陛下なんでしょうね、みたいなことを言っておけば、国民感情なんてものはちょろいものなので、「ああ天皇陛下、ありがたや、ありがたや」みたいな感動ストーリーになって、結果として統治も強化されることになり、政権的にはウィン・ウィンだ。最初から筋書きは決まっていたんじゃないかと思うほどよくできた話である。

若槻首相はこの恩赦について公式にこう発表している。

「今回朴準植および金子文子が格別の恩命により減刑されましたについては聖恩の広大なる事誠に恐《きょう》くの至り堪えません。朴の如き不心得者《ふこころえもの》の出たことは遺憾に存じますが、広大無辺なる聖恩に接した以上は反省して真人間となる事と信じます。くれぐれも広大なる御仁徳には感泣《かんきゅう》の外ありません」

（山田昭次『金子文子』）

この首相声明ははからずも政府の意図を暴露してしまっている。

キーワードは「聖恩」、「真人間」、「感泣」だ。

まず「聖恩」という言葉。これを英語に直訳したら「聖なる恩」、つまり「holy」な「恩」になりそうだが、「恩」という言葉の英訳の中には「debt」という言葉がある。さすれば「聖恩」を直訳すれば「holy debt＝聖なる債務」だが、実際には「聖恩」には英語の定訳があり、それは「imperial blessing（皇室の祝福）」という、直訳とはまったく違う意味になっている。だから、逆に言えば、「皇室の祝福」とは「聖なる債務」のことだと言うことも可能だろう。

次に、二番目のキーワードが「真人間」だが、これは英語に直訳すれば「a true human」だ。が、定訳は「a good citizen」であり、つまり日本では、真の人間とは善良な市民、つまり法を守るシティズンのことなのだなということがわかる。

三番目のキーワード、「感泣」は妙な言葉だ。感じて泣く、なんていうのはおかしいというか、ふつう人は、悲しいとか嬉しいとか痛いとかを感じるから泣くのであって、何もないのに滂沱の涙をこぼしているのは目に疾患がある人ぐらいだろう。いちいち「感」を付けるのはなぜだろう、と思っていると、どうやら定訳は「shed tears of gratitude（感謝の涙を流す）」らしい。

つまり、恩赦が発表されたときの首相の言葉は、朴と文子は恩赦という聖恩で「聖なる債務」

を抱える身になったのだから、これからは政府の言うことを聞いて真人間、つまり「法を守る善良なシティズン」となり、国民を感涙させる（天皇への感謝の涙を流させる）ことできっちり負債を返してくれよ、と言い変えることができる。

これを一言で言えば、「転向しろよ」だ。

朴と文子の転向があってこそ、完璧な恩赦ストーリーは完成する。

ふざけるな。と文子が思ったのは当然だろう。市ヶ谷刑務所長から恩赦の減刑状を渡されたとき、文子はそれをビリビリと破り捨てた。

他方、朴烈は恩赦状を受け取った。いったんは拒否したが、刑務所長が困っているのを見て「君のために、その恩赦状を預ってやろう」と言って受け取ったという。

あろうことか「聖恩」の書状を文子が破ったことはさすがにアナキー過ぎて、こんなことが世間に知れたら政権が潰れる可能性があるかも、と心配した刑務所長は、記者団には嘘をついた。二人とも感謝して恩赦状を受け取ったなどという作り話を発表したのである。おかげで「東京朝日新聞」などは、さらにそれに尾ひれをつけ、規則さえ守れば釈放される日もあるだろうと言われた文子の目に涙が光っていた、みたいなことすら書いていたそうだ。

恩赦による減刑を受けた翌日、四月六日に朴烈は市ヶ谷刑務所から千葉刑務所に移送された。文子は七日か八日に（新聞の報道と司法大臣の発表が食い違っていてどっちが本当なのか不明）主に女囚を収容していた宇都宮刑務所栃木支所に移された。

朴と共にギロチンに放り上げてくれ、という文子の一世一代の啖呵があっけなく無効にされたのである。まったく人の命というものは、権力者たちの玩具なのだ。
あれほど悩み苦しんだ末に決めた覚悟を、ぱんぱんに張り詰めていた抵抗の風船を、小さな針を刺すだけでしゅるしゅる萎ませて、しょぼい茶番で終わらせようとしているのは、ほかでもない、政権であり、天皇であり、国家だった。文子は世のすべてを呪っていたに違いない。

ころころと蹴りつ蹴られつ地球をば
揚子の水に
沈めたく思ふ
（『金子文子歌集』）

朴と引き離され、別々の刑務所へと移送されていく文子の瞳は、ひんやりとした**虚無の色**にけぶっていた。

スキャンダラスな死があると、**虚無に取り憑かれる**人が出てくる。

エミリー・デイヴィソンがエプソム・ダービーで国王の馬の前に飛び込んで亡くなった二週間後、アスコット競馬場のゴールド・カップでエミリーの行為をコピーする男性が現れた。

それはハロルド・ヒューイットという四十歳の男性で、片手でサフラジェットの白とグリーンと紫の旗を振りながら、もう片方の手にはリボルバーを握って、エミリーを真似て競走馬の前に走り出た。彼も馬に撥《は》ねられて転倒し病院に送られたが、重傷は負ったものの命に別状はなく、馬とジョッキーも無事だった。

この男性は富裕層の出身で、名門ハーロウ校からケンブリッジ大学のトリニティ・カレッジに進み、卒業後は南アフリカを放浪したりしてボヘミアンな生活を送っていたようだ。それがロンドンでエミリーの葬儀を見ていたく感銘を受け、何かに憑かれたように自殺の話を友人たちに語っていたという。彼は傷が治った後、精神科に入院している。

このような人も出てくるほど、エミリーの葬儀はドラマチックに演出された壮麗なイベントだった。当時、ロンドンでエミリーの葬式行進を見たという日本の劇作家、小山内薫は、「私はこ

の美しい葬式を見て、愈々《いよいよ》サフラジエットが好きになりました――私はもう弥次《やじ》でなく、詩人のロオレンス・ハウスマンのやうに、親身になつてこの運動が助けたくなりました」と思ったという（『北欧旅日記』一九一七年）。

ＷＳＰＵは、綿密にエミリーの葬式行列を計画して壮麗なイベントに仕立て上げた。白いドレスで月桂樹のリースを持った少女たちのセクション、紫のアイリスを手に黒いドレスを着たＷＳＰＵのメンバーたちのセクション、紫のドレスに赤いシャクヤクを持った女性たちのセクション、白いドレスにユリを持った女性たちのセクション、というようにセクションごとにドレスの色と手に持つ花の色や種類を統一し、まるで女性たちの美しい軍隊のように整然としたムードを演出し、バナーやリースで飾られた馬車、ブラスバンドなど、一糸乱れぬ隊列の中心にエミリーの棺を載せた四頭立ての馬車を配置した。

常に予測不能の行動を取り、鉄砲玉のように勝手にことを起こすので「マッド・エミリー」と呼ばれたエミリーのアナキーさを思えば、こんな軍隊のマーチのように細部まで統制された葬列はあまり似つかわしくない。

この大々的な葬列に参加した女性たちの数は五千人以上、さらに街頭でそれを見守った市民の数は五万人を超えていたという。パンクハースト親子がエミリーの死に衝撃を受け、心を揺さぶられたのは間違いないだろうが、ここまで葬儀を演劇やショーのように演出したのは、運動のために最大限に利用する意志があったからだ。

しかし、当のエメリン・パンクハーストは葬儀に出席することができなかった。葬儀に向かうため自宅を出たところで警察に逮捕されたからだ。彼女は獄中でハンガーストライキを行い、体が衰弱してしまったために釈放されて自宅に戻っていたのだが、いわゆる「猫とねずみ法(The Cat and Mouse Act)」(獄中で体が悪化すると釈放し快復すると再逮捕する法)によって逮捕されたのだ。

警察は、エミリーの葬儀にサフラジェットたちの指導者が欠席することで、参加者たちの意気を削ぐことを狙っていたのだ。が、この逮捕劇はサフラジェットたちに逆利用されることになる。運営責任者のグレース・ロウは、エメリンの逮捕を「もう一つの悲劇」として宣伝することを思いつき、葬列で彼女が乗るはずだった馬車をわざと無人のままで目立つポイントに配置した。空っぽの馬車は異様に見え、警察の非情な態度に対する女性たちの怒りをかきたてたのだった。

ロンドンの人々がいまだかつて見たこともないほど大規模で、フェスティバルの行進よりも遥かに完璧にデザインされた葬列は、特に女性参政権に関心があるわけでもない、一般市民の関心を集めることになった。実際、エミリーの葬列を見るために集まった人々のほとんどが、とくに政治的というわけでもない市井の人々だったのである。彼らがエミリーの葬列を見ている様子は、「抵抗のヒロインの遺体というより、征服王の亡骸に敬意を表しているような感じだった」と書いた当時のジャーナリストもいる。

葬列の後部には、WSPU以外の女性参政権運動団体のメンバーたちも歩いていた。だが、WSPUのライバルともいえるNUWSS(女性参政権協会全国同盟)だけは、葬儀に参加せず、花輪の一つも送らなかった。あくまでも法を順守する穏健な方法で女性参政権を獲得しようとしていたサフラジスト団体のＮＵＷＳＳは、目的達成のためなら暴力も辞さないサフラジェットの方針には真っ向から反対する立場を取っていた。そのＮＵＷＳＳのメンバーは、ストリートでエミリーの葬儀を見かけた感想をこう話している。

ロンドンの公衆というのは、何と奇妙なものなのでしょうか。集会を妨害したり、攻撃的でなく、法を守る全国協会の女性たちには泥を投げ付けるくせに、手には帽子を、目には涙を浮かべた何千人もの人々が、最も破壊的なミリタントの葬式にやってきたのです。

（佐藤繭香『イギリス女性参政権運動とプロパガンダ』）

他方、葬列で行進していたのは女性ばかりではなかった。労働党と労働組合の代表も葬列に加わっていた。ストリートには社会主義者や労働運動にかかわる人々も大勢つめかけていた。前にエミリーが放火したポストのある地区の郵便局員たちからも花輪が送られていた。彼らはそのとき、ストライキを打って闘争を展開している真っ最中だった。

エミリーを撥ねた国王の馬に乗っていたジョッキー、ハーバート・ジョーンズの妻も、エミリーの遺骸を見送るために姿を見せた。彼女の夫もエミリーの行為により重傷を負わされ、病院に入院中だったことを考えれば特筆すべき行動だ。彼女の胸にもまた「妻」としてではなく「女性」としての何かがあったのかもしれない。英国の作家でシオニストだったイズレイル・ザングウィルも「ユダヤ人からキリスト教者の殉教者へ」というメッセージをつけてエミリーの葬儀に花を送っている。

エミリーの葬儀はブルームズベリーの聖ジョージ教会で行われ、その後、棺はキングスクロス駅から彼女の家族がいるノーサンバーランド州のモーペスに移送される。モーペスの駅に到着すると、エミリーの家族が通っていた聖メアリー教会までの道のりでもイングランド北部に住むサフラジェットたちによる葬列が行われ、約二万人の人々がストリートでそれを見ていたという。

モーペスは非常に小さな村だったことを考えれば、二万人の人出というのはすごい数字だ。しかも、北部にはロンドンと比べ政治的に進歩的な人々は少なく、マッチョな労働者階級カルチャーに支配されていたので、サフラジェットには強い嫌悪感を持っている男性が多かった。が、彼らはまるでロンドンから故郷に帰ってきた旧友の遺体を迎えるように街頭に立ってエミリーの棺を見送った。

「政治的な激情を演劇的に表現する場にされているのではないかと思っていた人々はそれが外れたことに気づいただろう。群衆の態度は非常に適切で上品だった」とノーザン・エコー紙はその様子を伝えている。

「言葉より行動を」とエミリーの墓石に刻まれたスローガンの通りに、エミリーが亡くなった一九一三年はサフラジェットのミリタンシーが最も激化した年だった。

エミリーが競馬場で競走馬の前に飛び出したように、ゴルフ場、クリケット場、サッカー場などのスポーツの競技場がミリタンシーの舞台になった。サフラジェットによる放火もこの年は頻繁に多発する。

しかし、翌年の一九一四年八月、エミリーの死から十四か月後に、パンクハースト親子は停戦を宣言し、ミリタンシーのキャンペーンを終了させる。

第一次世界大戦がはじまったからだ。

エメリン・パンクハーストは戦時にあたり、サフラジェットは国家を支援することを宣言し、WSPUのメンバーたちにもそれに従うよう呼びかけた。

もちろんこれに不満を覚える女性たちもいた。が、多くの男性が戦場に行き、人手が足りなくなった国内経済を支えるのは女性しかいなくなっていたのである。

皮肉なことに、英国における女性の社会進出を大きく押し進めたのは戦争だった。数多くの女性が軍需工場で働くようになったので、職業と稼ぎを持って自立するようになり、それまでは召使いとして住み込みで働いていた若い女性たちも、主人の家を出て軍需工場で働くようになった。そのため、戦時中は中流・上流階級の家庭から召使いという存在がいなくなった時代でもあった。男性が不在のあいだに英国の労働力として駆り出された女性たちは、労働組合にも数多く加入することになった。

貧しい階級の女性たちの多くは、戦争が終わっても召使いに戻るつもりはなかった。工場作業員として働いた女性たちは、住み込みのメイドという仕事がいかに不自由なブラック労働だったか気づいてしまったからだ。第一次世界大戦は、女性たちが階級社会の不平等性を理解するきっかけにもなったのだった。

このように目覚めてしまった女性たちを戦後再びもとの場所に押し込めようとすれば、何かよからぬことが起こるだろうと政権はビビッていた。

そして第一次世界大戦終結の年、一九一八年に英国で初めて女性参政権が認められる。それは三十歳以上の一定の財産を持つ女性に限定されていたとはいえ、ついにサフラジェットやサフラジストたちが闘ってきた目的が果たされたのである。その年の総選挙で初めて十七人の女性たちが国会議員に立候補し、そのうち一人が当選を果たした。この英国女性国会議員第一号が、アイルランドのダブリンから出馬したイースター蜂起の女兵士、マダムことコンスタンス・マルキエビッチだったのである。それはエミリーの死から五年後のことだった。

エミリーの死は、現実的には女性参政権の獲得とは関係なかったとも言われる。サフラジェットの暴力的行動は、英国における女性参政権運動の広がりを妨げたという意見もある。

しかしその一方で、エミリーは、フェミニストの枠にとどまらず、様々の社会問題に取り組んでいる人々にインスピレーションを与え続けている。彼女の葬儀に労働党や組合の男性たちが数多く参加した時代から現代まで、それは変わっていない。

近年、「Me Too」運動の世界的な広がりを受けて、フェミニズムは、「個人主義的または新自由主義的な闘い方」から「私も」「私も」と連帯を呼びかける「ソーシャルな闘い方」にシフトしているというモイラ・ドネガンのような若い世代のフェミニストがいる。

この点では、エミリー・デイヴィソンの社会主義フェミニストとしての側面は注目に値する。ＷＳＰＵのメンバーたちの中でも、とりわけエミリーと彼女の北部の友人たちには、社会主義者としての色合いが濃かったと言われているからだ。

エミリーは、優れたスピーカーであり、優れた書き手でもあったので、様々な新聞や雑誌に寄稿していた。一九一二年にホロウェイ刑務所から出所し、階段の手すりから飛び降りたときに負った傷を癒していた間にも、ノートにいくつかの論考を書きつけていたが、その中には、刑務所制度の改善に関するものもある。何度も刑務所に送られたエミリーは、自分のムショ経験を活かし、社会における刑務所制度の在り方を考察していたのだ。

エミリーは、刑務所の中の待遇をひどくすればするほど犯罪の防止に効果的だという当時主流だった考え方を信じなかった（実際、強制摂食をさせられても何度も刑務所に戻ってきた自分の例もあったろう）。

そして刑務所で日常的に行われている慣習の例をあげ、それが囚人や看守たちにどのような有害な影響を与えているかを分析し、犯罪を減少させるには、刑務所の待遇だけでなく、社会構造の改革が必要なのだと説いている。そして膨大な格差を作り出している経済のおかげで、まったく希望のない場所に生まれ育っている人々が多く存在することが問題の元凶なのだと主張し、白人奴隷の売買の問題などにも言及して、自分たちが向き合うべきイシューはむしろそこにあるのだと訴えている。
女性の権利のために命をかけたことで知られているエミリーは、このような考えも持っていた人だった。エミリーのような考え方を持つサフラジェットにとっては、女性参政権は「最終目的」ではなかったのである。それはむしろ、より大きな社会構造の変化を起こすための「手段」だった。
では、エミリーが実現したかったのはどのような社会だったのだろうか。「メーデー」にちなんだエッセイの中で、エミリーはこう書いている。

社会主義――それは、自由、友愛、平等の日を象徴しています。戦いが終わるとき、一人一人の男女が働いて労働の果実を受け取り、小さな子どもたちは機会に満ちた適切な環境で育ち、イングランドとその姉妹国たちは、実に朗らかになるでしょう。
(Ann Morly with Liz Stanley, *The Life and Death of Emily Wilding Davison*)

「朗らか」と訳したが、エミリーは「MERRY」という言葉を使っている。「MERRY」は、陽気な、快活な、お祭り気分の、という意味である。ここで「GOOD」とか「SPLENDID」とかではなく、「MERRY」という言葉を持ってきたところがいかにも彼女らしい。エミリーは明るく陽気な社会をつくりたかったのだ。
それは当時のイングランドが暗く陰気な国だったからだろう。そして、どの階級にその暗澹が集中しているかをエミリーは知っていた。
エミリー自身は労働者階級の人ではなかったが、裕福な父と労働者の母、つまり主人とその召使いの子どもとして誕生した。生まれながらに階級を跨いでいた彼女は、生涯、最も低いところで苦しんでいた人々、そしてその中でもさらに一段低いところに置かれていた貧しい女性や子どもたちに眼差しを注ぎ続けた。
エミリーの死から一か月が過ぎた頃、作家で批評家のレベッカ・ウエストが彼女の追悼文を書いている。その中にはこんな一節がある。

昨年の夏、私は彼女がロンドンのストリートに立ち、港湾労働者の妻や子どもたちのために募金を集めている姿を見かけた。苦痛と善行のために痩せ衰えた肉体から、彼女の明るさと華やかな知性が赤々と燃え立つようだった。

(Lucy Fisher, *Emily Wilding Davison: The Martyr Suffragette*)

映画『未来を花束にして』に出てくる暗く思いつめた表情のエミリーより、この地に足についた明るい運動家の顔のほうが、ずっと彼女らしい。

サフラジェットの中でも特に社会主義者としての思想が強かったエミリーは、搾取される階級の中にも上下があることを知っていた。そしてこの下側の者たち――つまり女性たちを真に包摂しなければ労働運動はけっして成功しないとわかっていたのだ。

この考え方は、百年前を髣髴とさせる経済格差や新たな労働運動のあり方が模索される現代に、再び切実なコンセプトとして浮かび上がってきていないだろうか。

エミリーと特別な関係を築いていたメアリー・リーは、一九七八年に亡くなるまで、毎年エミリーの命日になると彼女の墓前に花を送り続けた。が、メアリーがこの世を去った頃には、エミリーの墓は老朽して誰が眠っているのかわからない無残な姿になっていたという。しかし、死後七十五年目の一九八八年に彼女の墓は立派に修復された。運動家の評価も時代によって変わるのだ。

晩年のエミリーの生活は、重く、沈鬱で、死の匂いがした。

だが、百年後の我々はいま、むしろ彼女が築きたかった社会の「朗らかさ」にこそ目を向けるべきだろう。

その明るみを目指して生を駆け抜け、勢いが良すぎて**向こう側に突き出てしまった**「マッド・エミリー」。その悪戯っぽい微笑こそ、この女性の遺影にふさわしい。

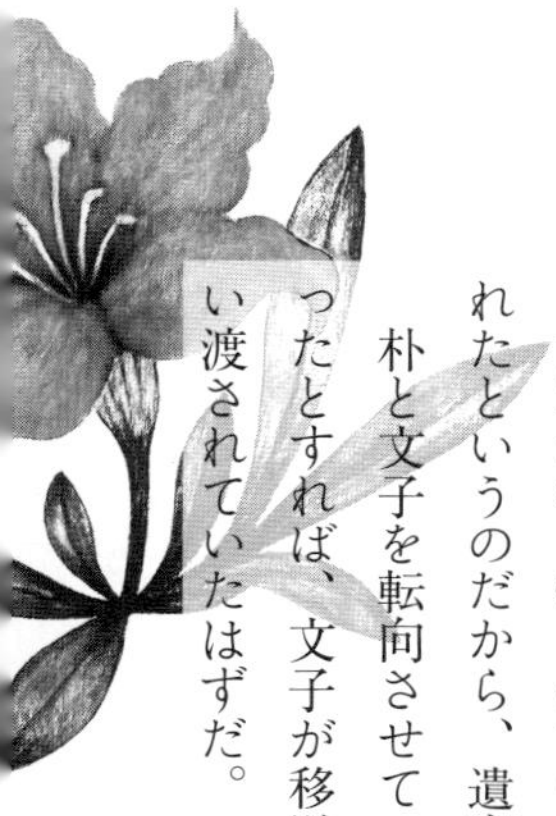

金子文子は百年前の突出したキャラクターだった。

それが、日本の歴史から抹殺されてきたのは、彼女自身が文字通り殺されたからだ、という説もある。

実際、彼女の支援者たちや同志たちは、あれほど文章を書くことが好きだった文子が、遺書を残さなかったことに納得しなかった。とはいえ、文子は遺書を残していた可能性もあるのではないか。

文子の遺留品として残された書籍には切ったり消したりした箇所がたくさんあったそうで、それは文子が何ごとか当局に都合の悪いことを書き込んでいたからだろう。余白がないほどびっしり文章が書き綴られていたという文子の三冊の手帳にしても、黒く塗りつぶされたうえで引破かれたというのだから、遺書だって「なかった」ことにするのはわけないはずだ。

朴と文子を転向させて「国民感泣の天皇万歳ストーリー」を完成させることが政権のゴールだったとすれば、文子が移送された宇都宮刑務所栃木支所には、彼女を転向させる任務がきつく言い渡されていたはずだ。

いわば国家の重要任務を政権から命じられた刑務所長や職員たちは、仕事に対する姿勢が真面目であれば真面目であるだけ、また出世したければ出世したいだけ、このノルマを果たさんと日々精進したに違いない。

在ることを只在るがままに書きぬるを
グズグズぬかす
獄の役人
（『獄窓に想ふ――金子ふみ子全歌集』）

文子がこのような短歌を書き残しているからには、栃木支所に移ってからは、獄中で書いたものにいちいち検閲が入っていたのだろう。おかげで文子が最後の三か月に書いたまとまった文章は残されていない。

この三か月間、文子は獄中で読む本も制限されていた。「少しでも感情を刺激するようなものも許されず」（山田昭次『金子文子』）主として哲学方面の本のみが許可されていたと当時の新聞は伝えているが、文子のような「思考の人」には哲学の本こそがヤバかったのではないか。彼女の死後、遺品に含まれていたのは、アルツィバーシェフの『労働者セイリョフ』、ダヌンツィオ『死の勝利』、シュティルナー『唯一者とその所有』の三冊だったという。

文子の短歌には、皮手錠と暗室に触れたものもあった。

皮手錠、はた暗室に飯の虫
只の一つも
嘘は書かねど
（同前）

書いた文章のために皮手錠をはめられて暗室に隔離されたことがあったのだろうか。栃木支所に来てからは、文通さえ一切許されなかった。外部との接触をシャットアウトして転向強要を進めていたのだろう。外部に漏れたらまずいことを文子にしていたからなのかもしれない。こういう歌もある。

狂人を縄でからげて
病室にぶち込むことを
保護と言ふなり
（同前）

文子が亡くなる前の三か月間について考えるとき、私が思い出すのは映画『時計じかけのオレンジ』の中で、主人公が刑務所で受けさせられた人格矯正治療だ。自分の体で思想を読んできた文子にとって、転向は彼女の人格を殺すことに等しかった。これは「焚書」ではなく「焚人」である。DIY(DO IT YOURSELF——自分でそれをやってみな)というのはパンクのコンセプトだが、文子の場合はそれどころか、思想をLIY(LIVE IT YOURSELF——自分でそれを生きてみな)する人なのだ。彼女は思想にかぶれたのではない。生きてきたのだ。

文子のような自然児が力ずくで「良き市民」の鋳型に入れられようとしている姿を想像すると、『時計じかけのオレンジ』のアレックスがクリップで両まぶたをこじ開けられ、瞬き一つできない状態で残虐な映像を見せられ続けるルドヴィコ療法のシーンが脳裏に浮かぶ。

文子が獄中で読んでいたシュティルナーにはこんな一節もある。

国家は「暴力」を繰り返しふるうが、個人はそれをしてはならない。国家のふるまいは暴力でも、国家はその暴力を「法」と呼び、個人が行えば「犯罪」と呼ぶ。

(Max Stirner, *The Ego and His Own*)

シュティルナーの定義するエゴイストとは、具現し、経験し、肉体で感知する人間であり、抽象的な観念にすぎない「神聖なるもの」を徹底的に否定して生きる人のことだ。「神聖なるもの」には、神や国家、法、宗教、人類愛などがあるが、文子にとってのそれはまさに天皇であり天皇制国家だった。

犯罪において、エゴイストは従来、自己を主張し、神聖なるものを嘲笑った。神聖なるものを捨てること、いや、むしろ神聖なるものから抜け出すのは特別なことではなくなるかもしれない。革命はもう戻ってこないのだ。だが、巨大な、恐れ知らずの、厚顔無恥な、良心の呵責のない、誇り高い犯罪――それは遥かな雷鳴の中に轟いていないだろうか。そして、空が、不吉な静けさと憂鬱に満たされていくのが見えはしないだろうか。

（同前）

刑務所の嘱託医師が書いた死体検案書によれば文子の死因は「自殺」、病名は「縊死」だ。「文子は七月二十二日にもらったマニラ麻で縄を編みはじめ、二十三日真夏の朝日の、明るく強く射しこむ独房の窓ぎわで、縊死体となって下ったのだ」と瀬戸内寂聴は『余白の春』に書いた。松本清張や『常磐の木』のキム・ビョラもこの説を取っている。

当初、刑務所側は文子の自殺を公表する気はなく、ひたすら隠蔽しようとしていたようだ。新聞記者が刑務所を訪れても、知らぬ存ぜぬの一点ばりだったという。吉川宇都宮刑務所長などは「自殺だって？ ハアそんなうわさがありますか」と「東京朝日新聞」の記者にうそぶいていたらしい（山田昭次『金子文子』）。そのため、新聞記者たちは独自に周辺から取材を行うしかなく、そのせいで当時の報道は「マニラ麻で編んでいた縄」での縊死説、「文子が腰に巻いていた紐」を使っての縊死説など、新聞によって伝えていることが違い、文子が自殺した時間や日にちさえバラバラだ。だいたいその前から自殺しようとしていた囚人に、いくら本人が希望したとは言え、独房で縄を編ませるかという疑問も残る。
文子の母、きくのは、文子死亡の電報を受けて山梨から上京し、布施辰治弁護士を訪れる。きくのや布施辰治、文子の同志の栗原一男らは栃木刑務支所に向かうが、文子の自殺について詳しいことを話すのは禁じられていると支所長に言われた。彼女の死亡状況についてなぜか緘口令《かんこうれい》が敷かれていたのである。だがその後、死体引き取りの許可だけは降り、同志たちは刑務所の共同墓地に埋められていた文子の死体を掘り起こす。
死後一週間たった遺体はすでに腐乱してしまっていた。栗原一男は、このときの遺体の状況について『何が私をこうさせたか』によせてこう書いている。

水気にふくらんで、ブヨブヨにはれ上がり、腐爛したふみ子の屍体、むくれ上った広い額《ひたい》と、厚く突出した唇、指をふれればスルスルと顔面の皮がはがれた腐爛体……そして異色ある額と短く鋏《はさ》んだ髪の毛の特徴がなければ、これがふみ子の屍体だとは、知っていた誰にもが思われないような、二目と見られない無残なふみ子を――古綿とオガ屑《くず》に埋もれた棺桶の中のふみ子を見出したのである。

一九九三年、山田昭次は宇都宮刑務所栃木支所の後身である栃木刑務所に対し、金子文子関係記録の閲覧を要求した。が、「当該書類には被収容者の名誉・人権に関する事項および当所の適正な管理運営に必要な事項が記載されておりますので」という理由で断られた。さらに一九九五年にも再び同じ要求を行ったが、今度は五十年以上経過した文書は廃棄されることになっていると言われた(山田昭次『金子文子』)。

日本の国家としての文書管理のずさんさは現在進行形の問題だが、一九九三年の時点ですでに文子の死から六十七年が過ぎていたのである。で、そのときには存在していたらしい資料が、そこからわずか二年の間になぜ「五十年以上経過した文書は廃棄された」になっているのか。

「一切の現象は現象としては滅しても永遠の実在の中に存続する」と自伝に書いた文子だが、彼女の死という事象を後世にとどめる記録は存在しているのか、もう存在しないのか、どうなっているのかさっぱりわからないのである。

文子の遺体を掘り出したときには医師も同行しており、「馬島医師が文子の頸の骨を調べると、縊死の兆候は歴然としている」(松本清張『昭和史発掘 一』)と判断したそうだ。

最後の瞬間まで文子は朴も死ぬと信じていたとか、純愛のために身を捧げたとかいう人もあるが、こうした「女性らしい自己犠牲」みたいな捉え方は、女性を哀れなものとして描いた時代のものだし、朴烈のサイドキックみたいな文子のイメージだって、男性のアナキストたちが広めたものである。もしも文子本人が「彼女は朝鮮と朴のために死んだ」と言われていることを知ったら、そんな利他主義に私の生涯を貶めてくれるなと言ったに違いない。文子は、シュティルナーの言うエゴイストとして闘っていたのだから。

朴烈と知り合って恋に落ちたところで終わる文子の自伝は、いつもあなたについていく、あなたを病気で苦しませない、一緒に生きて一緒に死にましょうという結婚式の誓いのような言葉で終わる。

だが、その誓いの文句は果たされなかった。あの自伝にはその後がある。

朴は生き、文子の死から九年後に獄中で転向し、一九四五年に出獄した。

それは朴の生き方だ。そして同じように、文子の生と死も文子自身のものである。

獄中で文子は朴の愛と思想を疑わなかったというのは砂糖のまぶしすぎだろう。刑務所で厳しい転向の強要が行われていたとすれば、朴はもう転向したぞと嘘をつかれていた可能性だってないとは言えない。最後の三か月は、もうそれどころではなかったはずだ。

だが、それでも文子は転向しなかった。

鶴見俊輔は、文子のことを「国家に対してひとり立つもの」と評したが(『何が私をこうさせたか』筑摩叢書版)、文子の最後の三か月間を思うとき、国家という巨大なスプーク(妖怪)と対峙して一人で立っている傷だらけの若い娘の姿を思い浮かべずにはいられない。

この人は、思想を体から乖離させて机上に置ける人ではなかった。思想を本で読んだのではなく、体で獲得した人だからだ。思想は体であり、体が思想だった。転向が思想を殺すことなら、そのとき体も死ぬ。思想だけを殺せると思っていた当局が間違っていたのだ。

転向の強要で狂う前に、私が私を失う前に、と思ったのだろうか。

あるいは朴が投げなかった爆弾の代わりに、自死を天皇に向かって投げつけたのだろうか。

何にしろ、文子は二十三歳で死んだ。

これからどんな本を書いた人だっただろう。

これからどんな思想を残せた人だっただろう。

日本という国は、このような女性を生かすことができなかった。


文子が朝鮮の芙江で死のうとしたとき、淵に飛び込もうとする瞬間に活き活きと油蟬が鳴いた。

だが、蟬はもう鳴かなかった。

その瞬間、文子は何を見ていたのだろう。彼女が求めた泥の中から咲く花は、肉体に開く思想の花は、彼女の目の前に咲いていただろうか。

手に採りて見れば真白き骨《こつ》なりき
眼にちらつきし
紅の花

（『金子文子歌集』）

ガールズ・コーリング——あとがきに代えて

マーガレット・コーリング

それは二〇一六年の大晦日のことだった。

わたしと配偶者、息子の三人はアイルランドにいた。アイルランドには親類縁者、友人たちもいるのだが、その日、我々はダブリンのホテルに泊まることになっていた。

なぜって、それはわたしの長年の夢だったからだ。ダブリンのメリオン・スクエアというところに、オスカー・ワイルドが暮らした家があり、その隣にちょっと洒落《しゃれ》た感じのホテルがあるらしいということは以前からネットで見て知っていたが、そんな高そうなホテル泊まれるかよ、とはなから諦めていた。だが、たまたまその年は何冊か本が出たりして、配偶者に黙ってへそくっていた隠し金もあった。それに、ネットのホテル予約サイトを見ていたら、その年は宿泊客が少ないのか、バーゲン価格になっていたのである。

その年、大好きだった友人を亡くしたわたしは、死ぬまでにやりたいと思っていることはいまやっとかんといつ死ぬかわからん、もう半世紀も生きてるんだし。という気になり、ついにその夢を果たすことにしたのだった。

だが、現地に着いてみれば、そのホテルはオスカー・ワイルドの家の隣ではなかった。ホテルとオスカー・ワイルドの家の間にモリッシーズという不動産屋の事務所があったのである。その頃わたしは『いまモリッシーを聴くということ』という本の執筆を行っていたので、さっさと原稿をよこせという編集者の怨念なのかと愕然としたが、「母ちゃんのドリーム・ホテルの隣は、オスカー・ワイルドじゃなくて、モリッシーだったね」と息子が脇でゲラゲラ笑っていた。

がっかりしたわたしは、ホテルの部屋にチェックインするなりテレビをつけ、不機嫌に年を越そうとしていたのだが、二〇一六年の大晦日、アイルランドのテレビは延々とイースター蜂起のドキュメンタリーを流していた。一九一六年のイースター蜂起からちょうど百年目の年だったからだ。

深夜〇時が近づいて来たので、わたしたちはリフィ川に面したカスタム・ハウスで行われる毎年恒例のカウントダウン・イベントを見に行くことにした。それは「光のスペクタクル」という宣伝スローガンの「ルミノシティ」というイベントで、大きな歴史的建造物をライトアップし、壁にプロジェクションマッピングを映し出したりするショーだという。リフィ川のほとりには三十分も前から大勢の人が集まり、冷たい雨に打たれながらイベントの開始を待っていた。

が、なぜか〇時になっても〇時十五分になってもそれは始まらなかった。それでいて、キャンセルになりましたとかいうアナウンスも説明もまったくない。

よくわからないけど、突っ立っていてもしょうがないね。みたいな感じで、何も起こらなかったリフィ川の河畔から、人々がぞろぞろと街の中心に向かって歩き始めた。我々もその流れに従ってわびしく徒歩でホテルに戻ったのだったが、このまま寝るのもなんか納得いかない、とホテルのバーに行ったら、そこもなぜか閑古鳥が鳴いていて、しーんとしていた。カウンターに座って静かに飲んでいる老夫婦が一組いるだけである。

なんで大晦日のホテルのバーがこんなに静かなのか。ふつうはカウントダウンとかダンスとか陽気にワイワイやってるんじゃないのか、と思いながら我々はカウンターに座った。

「雨が降ってるんですね」

我々の濡れたコートを見て老紳士が話しかけてきた。

「はい。カスタム・ハウスにカウントダウンのイベントを見に行ったんですけど、なぜか何も起きなかったんですよ」

と配偶者が答えたので、わたしも言った。

「雑誌や新聞に出ているイベントを突然ドタキャンするんですからね。さすがアイルランドはファンキーだと思いましたよ」

老夫婦はおかしそうに笑った。アイルランド人はとても愛国心が強いのに、自分たちの国を笑い飛ばせるユーモアのセンスを持っている。だからこちらも安心してジョークが口にできる。

「あの光のショーは、昨日から一日に何度か行われています。明日までやってるはずですよ。我々は昨日、見てきました」

と老紳士が言った。

「今年はイースター蜂起の映像や写真がたくさん映し出されて、いつもより大がかりなショーでした。とても感動的でしたよ。私の妻なんか、泣いていました」

と老紳士は隣に座っている夫人のほうを見る。

「やっぱりアイルランドの方々にとっては、蜂起は重要なことなんですね。今日、ホテルに着いてテレビを見ていたら、イースター蜂起の番組ばっかり流しているのでびっくりしました」

とわたしが言うと、老婦人はわたしの顔を見ながら言った。

「私の祖母はイースター蜂起で戦ったんです。だから蜂起の写真がカスタム・ハウスの壁に大きく映し出されたときは、つい気持ちが高ぶってしまって……」

彼女の祖母は看護隊の一員だったそうだ。ホテルのすぐ近くにある公園、セント・スティーブンズ・グリーンで傷ついた兵士たちに応急手当を施していたという。戦った、とは言っても、あの時代に女性に与えられたのはいわゆる看護師の役割だったと言っていた。

しかし、例外的に本当に銃を持って戦った女性もいたという。

「マダム・マルキエビッチ。そして彼女が狙撃を教えたスコットランドの若い女性がいました」

「スコットランド?」

「スコットランドにはとても大きなアイルランド人のコミュニティがありますから、イースター蜂起のとき、戦いに来た人たちがたくさんいたんですよ」

老婦人と話し込んでいると、カスタム・ハウスだ、ホテルのバーだと遅くまで引っ張り回された息子が、カウンターに突っ伏してすうすう寝ていた。

「おや、息子さんはお休みの時間ですね」

と老紳士が笑った。

「はい。そろそろ部屋に上がることにします。よいお年を」

と夫妻に別れを告げ、わたしたちは部屋に戻った。

数日後、市内の美術館のショップに入ったとき、イースター蜂起関連の本が棚にディスプレイされているのを見た。時代を反映しているのか、イースター蜂起で戦った女性たちに関する本がメインで真ん中に飾られている。『Richmond Barracks 1916：We Were There：77 Women of the Easter Rising』という本を手に取ると、イースター蜂起で戦った七十七人の女性たちの短い評伝が並んでいた。この中に、ホテルのバーで一緒に新年を迎えた女性の祖母もいるのかもしれないと思った。が、名前を聞いたわけでもなかったし、七十七人の女性たちの写真を見ても、どれが彼女の祖母なのかわかるわけもない。

七十七人の写真の中にマルキエビッチ伯爵夫人の美しい横顔もあった。が、バーで老婦人から聞いた「マーガレット・スキニダー」という名前の女性はいない。

美術館の帰りに寄った書店でもイースター蜂起関連ブックフェアをやっていた。書店員に「マーガレット・スキニダーに関する本はありますか?」と聞いてみたが、「さあ、聞いたことのない名前ですね」と言われた。

どうしてだろう、と思った。彼女はアイルランドの女性ではなかったからだろうか。スコットランドから海を越えて来た人だったから、七十七人の中に含まれなかったのだろうか。

そう考えるといよいよ彼女のことが気になった。基本的に、わたしは海を越える女性が好きだし、貢献者のリストに含まれるべきなのに含まれていない人には勝手に共感を覚えるからだ。

それがわたしとマーガレットの出会いだった。

わたしを探してごらんなさい、という呼び方をする故人が確かにいると思う。

エミリー・コーリング

英国では二〇一〇年に労働党から保守党への政権交代が起きた。いまでは忘れている人も多いが、あのとき、保守党は選挙で過半数の議席を獲得できなかったので、自由民主党という政党と連立を組んで政権を発足させた。

ところが、この自由民主党というのは英国ではリベラル政党であり、選挙前は一貫して反保守党の立場を取り、とくに若者に人気があった。というのも、ニック・クレッグ党首が、大学授業料の値上げには断固として反対すると繰り返し主張していたからだ。

しかし、デビッド・キャメロン首相率いる保守党政権が授業料の学生負担上限額を三二九〇ポンドから九〇〇〇ポンドに上げると当時提案したとき、連立与党となった自由民主党の党首ニック・クレッグはこれに反対しなかった。

こうして同年の十一月と十二月、全国各地で学生たちによる大規模な大学授業料値上げ反対デモや抗議活動が行われた。ブライトンでも学生たちのデモが行われ、雪の中をザ・スミスの曲を歌いながらプラカードを掲げて若者たちが街中を行進した。ロンドンではデモが暴徒化して逮捕者も大勢出た。結局、武装した警官に抗議活動は鎮圧され、保守党と自由民主党の連立政権は彼らの声を無視して事実上の授業料値上げを行った。

それから数か月が経った頃、わたしが当時ボランティアとして勤めていた無職者・低額所得者支援チャリティーのオフィスで、学生ボランティアたちがあるミュージック・ビデオを見ていた。それはグレース・ペトリーという若い女性シンガーソングライターの「エミリー・デイヴィソン・ブルース」という曲だった。彼女が自由民主党のクレッグ党首の選挙区であるシェフィールドの彼のオフィスの前に立ち、アコースティック・ギターを弾きながらこの曲を歌っている映像がYouTubeに投稿され話題になっているという。その曲にはこんな歌詞があった。

山々を越えて行進し　テムズ川を越えて行進し
聞こえないとあなたが言うから大声で歌った

国王の馬と家来がこの国を修復できないとき
誰も私たちの声を聞いていないとき
ニュースになるのは暴力だけ
これはエミリー・デイヴィソン・ブルース

エミリー・デイヴィソン・ブルース、という言葉がずっと頭に残っていた。

だから、岩波書店の『図書』で金子文子に関する連載の企画を詰めていた頃、担当編集者の渡部さんに、せっかく英国にいるのでこちらの女性の話も混ぜたらどうかと提案されたときに、真っ先に思い出したのがエミリー・デイヴィソンだった。

彼女のことについて書いた本はたくさんあるが、中でもとくに参考にしたのはルーシー・フィッシャーというザ・タイムズ紙の防衛問題記者が、電子書籍の形で発売していた『Emily Wilding Davison: The Suffragette Who Died For Women's Rights』という本だった。

そして『図書』での連載がはじまり、一年以上が過ぎた頃のことである。いつものように酒を飲んで寝ていたら、テレビの音で目が覚めた。時計は朝の五時を過ぎたところだ。テレビをつけっぱなしで寝てしまったらしい。二十四時間放送のニュース・チャンネルの番組が映っていた。消そうと思ってリモコンを探していると、「サフラジェット」とか「女性参政権」とかいう言葉が聞こえてきたので、えっ？ と思ってまじまじとテレビを見ると、金髪の若い女性が喋っていた。彼女の顔の下に「政治ライター　ルーシー・フィッシャー」というテロップが出ている。

へえ、この人だったのか、と思ってベッドの上に座り直すと、自著のエミリー・デイヴィソンの伝記について話していた。電子書籍で出ていたものに、新たに発見された事実を付け加え、書籍の形で刊行することになったという。

「どうしていま、エミリー・デイヴィソンなのですか？」

と聞かれて彼女は答えた。

「英国で女性参政権が認められてから百年になります。百年前の話なのです。でも、それはまさに現代の話であると私は思っています」

エミリーが呼ぶ声を聞いたような気がした。

偶然といえば偶然でもあるが、こういう瞬間は時々訪れる。

フミコ・コーリング

金子文子に関しては、ここに書けるようなエピソードは何もなかった。

ただ、わたしが「底辺託児所」と勝手に名付けた託児所に勤めていたとき（そのときのことは『子どもたちの階級闘争』という本に書いている）、ハードな家庭環境で生きる子どもたちを見るたびに、「なんか金子文子みたいな子どもたちだな」と思っていた。

幼い頃から苦労した子どもというのは驚くほど早熟で、四歳ぐらいでもティーンのようにませたことや、枯れた老人のように達観したことを言うことがある。当たり前だが彼らの知性は書物から得たものではない。深刻な問題を抱えた親を見てきたことや、つらい虐待の体験や、生き延びるために身に着けた処世術を通して、自分自身の体で獲得したインテリジェンスだった。そういう子たちが話すのを聞いていると、なるほど、金子文子の頭のよさというのはこれとイコールで結べるものがあったんじゃないかと思い、いつか彼女について書いてみたいと考えるようになった。

その念願が叶い、『図書』の連載で文子について書くことになり、単行本化が決まって書きおろしの部分をまとめて執筆することになった。

連載が始まったのは二〇一七年の四月で、すべて書き終えたのは二〇一九年の一月だった。二年近くも付き合ったヒロインと別れるのは寂しいものである。ちょっと目頭が熱くなってしまったので、風呂にでも入るか、と思って風呂に入り、さっぱりして自室に戻ってきたら岩波書店の渡部さんからメールが来ていた。

まるでわたしがさっき脱稿したことを知っているような、絶妙のタイミングだった。メールを開いてみると、「アナキズム文献センターが出している『大正アナキスト覚え帖』に掲載されているものです。影が入っちゃってる写真ですが画像送ります」とだけ書かれていた。

わたしはさっそく添付の画像を開いてみた。

それは昭和六年に読売新聞に掲載された『金子ふみ子獄中手記　何が私をかうさせたか』の書

評の画像だった。書評者は林芙美子だ。

「いま、午前三時だ。非常なコオフンをもつて、此の書を読み上げた」

という文章で始まるそれは、深夜に読んでいるこちらの目も覚めるような熱い書評だった。自分も赤貧の家庭で育ったが、自分には母親と義父の愛情があった、しかし文子はそれすらも与えられなかったのだという非常にパーソナルで強い筆致で進んで行く。そして芙美子はこう書いていた。

「彼女を殺さないで、作家への道をタドらせたならば、今頃はかならず面白いものが出来てゐたことであらう」

ちょっと待て、わたしもさっき文子編の最後のほうでそんなことを書いたばかりだぞ、と思った。読み進むとこんなことも書いてある。

「何が私をかうさせたかは、何が彼女を死なせたか？　であらう」

せっかく風呂に入ってきたばかりなのに、わたしはまた泣いていた。今度は二人のフミコに泣かされていたのだ。

わたしの頭の中に浮かんでいたのは、二十三年前、英国に来たときに父親から渡された汚らしい紙きれのことだった。福岡空港で家族に別れを告げていたとき、肉体労働者の父がごつごつした手でその紙きれをわたしに握らせ、背中を向けて行ってしまったのだった。

背中を向けて行ってしまうのはむしろ送られる側がやることじゃないのか、と思いつつ、搭乗ゲートのそばの椅子に腰かけてくしゃくしゃになった紙きれを開くと、子どもが書いたようなへたくそな字でこう書かれていた。

「花の命は短くて、苦しきことのみ多かりき。林フミ子」

だいたい筆者の名前すら漢字で表記できていないところがいかにもうちの父親なのだが、本なんか読ませたら一ページ読むのに半日費やすような土建屋の親父が、なんでまたこんな言葉を書きつけてきたのかと思った。どこでこんなものを聞きかじってきたのか知らんが、命が短いとか、苦しいことばっかりとか、娘の旅立ちの朝に贈る言葉にしてはノー・フューチャーすぎるのではないか、ということを書いたのが、わたしのデビュー作『花の命はノー・フューチャー』の冒頭に収録された表題エッセイだった。

その後、「どうしてあんな陰気な言葉を別れの餞《はなむけ》にくれたのか」と聞いたら、父は「いやお前、あれは、咲けっていうことたい」とわけのわからないことを言っていたが、芙美子による文子評を読んでいるとそんなこともあるのかなと思えてきた。

「これこそはえぬきのプロレタリヤ小説である。我々の聖書でさへある」

帯文にしたらこれ以上のものはないだろうと思うような文章で、林芙美子は金子文子の自伝の書評を結んでいた。

文子の花は咲いていたのだと言われた気がした。

咲き誇る花は嫌いだと言ったことがある文子だが、さいごの瞬間、彼女は地べたに開いた美しい思想の花を見ていたのだと思った。

そう言って後ろから背中を押された気がしたのである。

フミコたちには、二十三年前から呼ばれていたのかもしれない。


物書きが一冊の本を書き、それを恥知らずにも発表しようとするときには、このような個人的な妄想に支えられていることがある。

とは言え、私を支えてくれたのは妄想だけではなかった。素晴らしい表紙画と挿絵を描いてくださり、福岡で金子文子に関する多くの情報とインスピレーションを与えてくれた画家のアジサカコウジさん、そして、朴烈の詩「犬ころ」の真相解明のために韓国で調査してくれた栗原康さんにスペシャル・サンクスを贈ります。

また、日本や韓国とは地球の反対側に位置する国で生活しながら執筆するにあたり、資料にあたることは物理的に容易でなかったため、金子文子研究者たちの先行する貴重なお仕事、とくに山田昭次さんの『金子文子――自己・天皇制国家・朝鮮人』と鈴木裕子さんの『増補新版金子文子　わたしはわたし自身を生きる――手記・調書・歌・年譜』に多くを依拠させていただいた。これらの書籍が存在しなければ、この本はけっして書けなかったという事実に立って、お二人に深く感謝いたします。

それから何といっても、岩波書店の猛獣編集者こと渡部朝香さんがいなければこの本は実現しませんでした。あのタイミングで林芙美子を出してきた彼女には何かが憑いています。

そして最後まで読んでくださったあなたにもビッグ・サンクスを贈らせてください。怒りと希望の原石のような百年前のガールズ・コーリングが、現代を生きるすべての性の人々に聞こえることを祈りながら。

二〇一九年二月

ブレイディみかこ

注

(1)『何が私をかうさせたか――獄中手記』(春秋社、一九三一年)の著者名は「金子ふみ子」と表記されているが、岩波文庫版(二〇一七年)の編集付記には「著者名は、機関紙等での本人の筆名表記、裁判記録等を勘案し、今回「金子文子」と表記した」とある。山田昭次『金子文子――自己・天皇制国家・朝鮮人』(影書房、一九九六年)によると、芙江初等学校に残されている学籍簿には「金子文子」という名前が記載されているという。先行文献に鑑み、本書では「金子文子」と表記した。

(2) 以下、金子文子自身の言葉の引用は、とくに本文に記載しない限り、金子文子『何が私をこうさせたか――獄中手記』(岩波文庫、二〇一七年)による。

(3) 以下、訊問調書や公判調書に添付された書簡といった裁判記録による金子文子の言葉は、とくに本文に記載しない限り、鈴木裕子編『増補新版　金子文子　わたしはわたし自身を生きる――手記・調書・歌・年譜』(梨の木舎、二〇一三年)による。引用に際し、明らかな誤記は適宜あらためた。なお、山田昭次『金子文子――自己・天皇制国家・朝鮮人』からの引用においては、旧かなづかいを新かなづかいにした。

(4) 朴烈の詩「犬ころ」については『青年朝鮮』に掲載される予定だったが、原文は見つかっていない。栗原康さんが朴烈義士記念所の元学芸員の方にうかがってくださったところ、『青年朝鮮』の現物には詩が削除されたあとがそのまま残っており、それが朴烈の詩だと推測されるとのこと、一九七二年に出版された金一勉『朴烈』に「犬ころ」の記載があるとのことだったが、日本で翻訳出版された同書(合同出版、一九七三年)には、該当の詩は見当たらない。配給会社を通じ映画『金子文子と朴烈』の製作関係者にも問い合わせたが、原典にはたどりつけていないという。やまなし金子文子研究会の代表・佐藤信子さんや、『何が私をこうさせたか』の岩波文庫版編集担当者を通じ山田昭次さんにもご相談したが、原文は不明だった。

だが、韓国では何十年にもわたって、朴烈による「犬ころ」とされる詩が流布しており、今回の映画でもそれが用いられたと思われる。キム・ビョラの『常磐の木――金子文子と朴烈の愛』(同時代社、二〇一八年。原書は二〇〇九年刊)にも映画と同じ内容の「犬ころ」(邦訳は映画とは一部異なる)が登場しており、二〇一一年十月十二日付の韓国の地方紙、嶺南日報のコラム「ストーリーテリング人物列伝18」で小説家のキム・ジョンヒョンも同じ内容の「犬ころ」を取り上げていることがネットでも確認できる(http://m.yeongnam.com/jsp/view.jsp?nkey=20111012.010070757480001)。日本でも、翻訳家の斎藤真理子さんがフィルムアート社のウェブマガジン『かみのたね』の連載「ファン・ジョンミンのがにまたは東洋一である　もっと韓国を楽しむ名作案内」でやはり同内容の「犬ころ」を紹介されている。

本書は、研究者による歴史書ではなく、エッセイであるという性質を踏まえ、また、日本では史実上の正確を期すためかこれまで評伝では使われて来なかったが、韓国では以前から知られているヴァージョンの「犬ころ」を日本の読者にも紹介するという意味を込めて、映画『金子文子と朴烈』に登場する詩を使用することに踏み切った。

(5)　金子文子の裁判記録は主に鈴木裕子編『増補新版　金子文子　わたしはわたし自身を生きる――手記・調書・歌・年譜』に収録された資料より引用したが、朴烈の記録は同書には収録されておらず、北村巌『大逆罪』(中西出版、二〇一三年)や山田昭次『金子文子――自己・天皇制国家・朝鮮人』に引用された『裁判記録』などに依拠した。山田氏が『裁判記録』として用いたのは、再審準備会編『金子文子・朴烈裁判記録――最高裁判所蔵　刑法第73条ならびに爆発物取締罰則違反』(黒色戦線社、一九七七年)である。

参考文献・参考映像

〈金子文子〉


金子ふみ子『新版　何が私をこうさせたか――獄中手記』春秋社、一九九八年。（初版『何が私をかうさせたか――獄中手記』は春秋社より一九三一年刊。）

金子ふみ子『何が私をこうさせたか』筑摩叢書、一九八四年。

金子文子『何が私をこうさせたか――獄中手記』岩波文庫、二〇一七年。

金子文子『金子文子歌集』黒色戦線社、一九七六年。

金子ふみ子『獄窓に想ふ――金子ふみ子全歌集』黒色戦線社、一九九〇年。

Fumiko Kaneko (translator: Jean Inglis), *The Prison Memoirs of a Japanese Woman* (Foremother Legacies), Oxfordshire, Routledge, 2015.

加藤直樹『九月、東京の路上で――1923年関東大震災　ジェノサイドの残響』ころから、二〇一四年。

北村巌『大逆罪』中西出版、二〇一三年。

キム・ビョラ／後藤守彦訳『常磐の木――金子文子と朴烈の愛』同時代社、二〇一八年。

栗原康編『狂い咲け、フリーダム――アナキズム・アンソロジー』ちくま文庫、二〇一八年。

黒川創編『鶴見俊輔コレクション1　思想をつむぐ人たち』河出文庫、二〇一二年。

シュティルナー・M／片岡啓治訳『唯一者とその所有』上・下、現代思潮新社、二〇一三年。

鈴木邦男『竹中労――左右を越境するアナーキスト』河出ブックス、二〇一一年。

鈴木裕子編『増補新版　金子文子　わたしはわたし自身を生きる——手記・調書・歌・年譜』梨の木舎、二〇一三年。

瀬戸内晴美『余白の春』中央公論社、一九七二年。

瀬戸内寂聴『余白の春——金子文子』岩波現代文庫、二〇一九年。

鶴見俊輔『思い出袋』岩波新書、二〇一〇年。

西崎雅夫編『証言集　関東大震災の直後　朝鮮人と日本人』ちくま文庫、二〇一八年。

布施辰治、張祥重、鄭泰成『運命の勝利者朴烈』世紀書房、一九四六年。

本田靖春『不当逮捕』岩波現代文庫、二〇〇〇年。

松本清張『昭和史発掘　二』文春文庫、二〇〇五年。

山田昭次『金子文子——自己・天皇制国家・朝鮮人』影書房、一九九六年。

廣畑研二編・著『大正アナキスト覚え帖　関東大震災90年』アナキズム文献センター、二〇一三年。

『彷書月刊』(特集・金子文子のまなざし——もうひとつの大逆事件)彷徨舎、二〇〇六年二月号。

Max Stirner, *The Ego and His Own: The Case of the Individual Against Authority*, London, Verso, 2014.

*

イ・ジュンイク監督『金子文子と朴烈』(原題：박열、英題：Anarchist from the colony)韓国、二〇一七年。日本公開、二〇一九年。

〈エミリー・デイヴィソン〉

The Suffragettes (Penguin Little Black Classics), London, Penguin, 2016.
Andrew Griffin, *In Search of Emily*, Amazon Digital Services LLC, 2013.
Emmeline Pankhurst, *Suffragette: My Own Story*, London, Hesperus Press Ltd., 2014.
E. Sylvia Pankhurst, *The Suffragette Movement: An Intimate Account of Persons and Ideals*, Wharton

Press, 2010.
Gertrude Colmore, "The Life of Emily Davison," in Ann Morley with Liz Stanley, ***The Life and Death of Emily Wilding Davison***, London, The Women's Press Ltd., 1988.
John Sleight, ***One-way Ticket to Epsom: A Journalist's enquiry into the heroic story of Emily Wilding Davison***, Morpeth, Bridge Studios, 1988.
Joyce Marlow, ***Suffragettes: The Fight for Votes for Women***, London, Virago, 2015.
Lucy Fisher, ***Emily Wilding Davison: The Martyr Suffragette***, London, Biteback Publishing, 2018.
Lucy Fisher, ***Emily Wilding Davison: The Suffragette Who Died For Women's Rights***, London, Blacktoad Publications, 2013.
佐藤繭香『イギリス女性参政権運動とプロパガンダ――エドワード朝の視覚的表象と女性像』彩流社、二〇一七年。
ジャック・ロンドン／行方昭夫訳『どん底の人びと――ロンドン1902』岩波文庫、一九九五年。

＊

サラ・ガヴロン監督『未来を花束にして』(原題：Suffragette)英国、二〇一五年。日本公開、二〇一七年。
Clare Balding's Secrets of a Suffragette, Channel 4 (UK, 2013)
Suffragettes: 100 years since women won the right to vote, BBC News (UK, 2018)
Suffragettes with Lucy Worsley, BBC (UK, 2018)
Suffragettes Forever! The Story of Women and Power, BBC (UK, 2015)

〈マーガレット・スキニダー〉

Margaret Skinnider, ***Doing My Bit For Ireland,*** New York, The Century Co., 1917.

Anne Haverty, ***Constance Markievicz: Irish Revolutionary***, Dublin, The Lilliput Press Ltd., 2016.

Mary McAuliffe and Liz Gillis, *Richmond Barracks 1916: We Were There: 77 Women of the Easter Rising*, Dublin, Four Courts Press Ltd., 2016.
R. F. Foster, *Vivid Faces: The Revolutionary Generation in Ireland, 1890-1923*, London, Penguin, 2015.
Sinead McCoole, *No Ordinary Women: Irish Female Activists in the Revolutionary Years 1900-1923*, Dublin, O'Brien Press Ltd., 2015.
鈴木良平「なぜジェイムズ・コノリーは蜂起したのか——幸徳秋水、大杉栄と対比して」『法政大学教養部紀要』九一号、一九九四年。

*

『リベリオン』シーズン1、NETFLIX、二〇一六年。
Margaret Skinnider a woman of calibre Réabhlóid Episode 3, RTE ONE (Ireland, 2011)
Guns and Chiffon: Irish Women Revolutionaries of 1916-23, RTE ONE (Ireland, 2003)

本書は『図書』（岩波書店）連載「女たちのテロル」（二〇一七年四月号〜一八年九月号）に補筆し、大幅に書き下ろしを加えて構成した。

ブレイディみかこ
ライター．1965年福岡市生まれ．96年から英国ブライトン在住．著書に『花の命はノー・フューチャー　DELUXE EDITION』(ちくま文庫)，『アナキズム・イン・ザ・UK』『ザ・レフト――UK左翼セレブ列伝』(いずれもPヴァイン)，『ヨーロッパ・コーリング――地べたからのポリティカル・レポート』(岩波書店)，『THIS IS JAPAN――英国保育士が見た日本』(太田出版)，『子どもたちの階級闘争――ブロークン・ブリテンの無料託児所から』(みすず書房，第16回新潮ドキュメント賞受賞)，『いまモリッシーを聴くということ』(Pヴァイン)，『労働者階級の反乱――地べたから見た英国EU離脱』(光文社新書)，『ぼくはイエローでホワイトで，ちょっとブルー』(近刊，新潮社)等．

女たちのテロル

2019年5月30日　第1刷発行

著　者　ブレイディみかこ

発行者　岡本　厚

発行所　株式会社　岩波書店
〒101-8002 東京都千代田区一ツ橋2-5-5
電話案内 03-5210-4000
https://www.iwanami.co.jp/

印刷・法令印刷　カバー・半七印刷　製本・牧製本

ISBN 978-4-00-061342-2　Printed in Japan